いい旅のススメ。

―日本人の忘れものを見つけに行きましょう―

高萩徳宗

いい旅のススメ。

―日本人の忘れものを見つけに行きましょう―

高萩徳宗

はじめに　～旅には社会を変える力がある～

「お前が言っているのは単なる理想だ。理想じゃ飯は喰えないんだ」

サラリーマン時代、上司から言われたこの言葉を、私は一生忘れない。

旅行会社はお客様に夢や感動を売る仕事をしているのではないか。旅に行きたいと思う瞬間があり、いくつもの旅行会社を回って、自分にもっとも合うと思えるツアーに申し込み、ガイドブックを買って現地のことを調べ、友達や家族とスーツケースに荷物を詰めたり引っぱり出したり……。旅は行く前からワクワク楽しいはずだ。

お客様には一生の思い出になるような最高の旅をしてほしい。私たちは夢や感動のお手伝いをするのだから、旅行を生業とするプロとして全力でサポートしたいし、せっかくのご縁なのだから、ありきたりではない旅で、お客様に本当の旅の醍醐味を知ってほしい。

　観光地化されていない名もない風景を見てほしい。地元の人で賑わう小さな小料理屋で食事をしてほしい。夜は一杯飲み屋にだってご一緒したい。

「自分が旅をするなら、きっとこんな旅をする。だから私たち旅のプロがプライベートでするようなスタイルの旅を、もっと多くの人に楽しんでほしい」

　そんな想いは、量販型のツアーを企画していた当時の私には、夢のまた夢でしかなかった。

　旅行企画の現場はきれいごとなど通用しない世界。ツアーパンフレットはライフル銃に込めた弾丸のようなもの。撃たなければ、敵から撃たれる。最後は組織力と資金力がものをいう。二番手、三番手は、無理をしてでも同業他社に料金で打ち勝たなければならない。１０００円、２０００円の料金差どころか５００円に敏感な消費者に、うっかり高い値段を提示してしまえば、ゼロサムゲームのような戦いの中では、あっという間に敗者の烙印が押されてしまう。

　数は力。パッケージツアーの企画戦略では、より多くのお客様を集めた人間が評価様される。

「いい旅つくろう鎌倉幕府」などと寝言を言っている私は、単なる落ちこぼれにすぎなかった。


旅行カウンターの担当者からも「売れる商品を作ってほしい」との要望が続々舞い込む。「売れる商品」とは、安くて、短い旅行日数に行程がてんこ盛りに詰め込まれて、さらに、おまけやプレゼントがたくさんついている商品を言う。

「この日程で、これだけの観光地を訪問して、なんと驚きの2万9800円！　おまけに今なら免税店の20ドルクーポンがついてきます！」

そんなツアーこそが「よく売れる商品」なのである。


「こんな旅行、自分はお金を払って行かないよなあ」と思うことは日常茶飯事。理想とかけ離れたところに日々の現実があり、その現実に甘んじて、しぶしぶ仕事をしている。それこそが私の20年前の姿であった。

実際には値段を下げるのは容易なことではなく、必ずどこかにひずみが出てくる。「安かろう悪かろう」は言いすぎにしても、安くて高品質の旅行というものは、基本的に存在しない。１００円ショップに高品質を期待してはいけないのと同様、安い旅行にも過度な期待をするのは禁物。安いものは安いなりである。

ヨーロッパ10万円台のツアーに参加するのであれば、「こんな儲からないであろう料金設定にしてくれて、ありがとう。本当にありがとう」と思ってほしい。本来なら添乗員を拝み、感謝の気持ちを全身で表し、心づけを包むくらいのことはしなければならない。「食事がまずい」だの「ホテルの部屋が狭い」などとクレームを言ってはいけないのだ。

ものには「相場」がある。

たとえば不動産業界などはとてもわかりやすく「相場は正直だ」と聞いた。ある人はこう説明してくれた。

「高萩さん、不動産には格安物件というものは存在しないのです。需要と供給のバランスで価格が決まりますから、安い物件には明確な理由があります。日当たりが悪い、駅から遠い、築年数が古い。時には事故物件だったりするわけです」
さすがに旅行業界には事故物件はないが、本来、需要と供給のバランスはどの世界にもあるわけで、「シーズンオフだから安い」「乗り継ぎの時間帯が悪いから安い」など、安い理由は必ず存在する。だが、「なぜ安いか」の伝達が消費者へ行き届いていないため、激しいクレームとなってしまうことがある。

私が「安売り」を嫌うのは、安く売ることで誰が幸せになり、笑顔になっているのかわからないからだ。

『蟹工船』の時代なら、労働者から搾取することで大金を手にする人たちがいたのだろう。しかし、今の旅行業界では、ツアーの安売りによってホテルや航空会社の単価はどんどん下がる。添乗員は早朝から深夜まで緊張を強いられる仕事をしながら、一日８０００円～１万円程度の日当で働かされていることが多い。低賃金労働を強いることで親方である旅行会社が儲かっているかというと、そうではない。「利益なき多忙」と自嘲気味に語られるこの業界は、忙しいばかりで、お金は誰の手元にも残らない。

では、格安ツアーに参加した消費者は幸せなのだろうか。何をもって幸せかという概念は人それぞれだが、私が企画を担当していた頃は、安いツアーほどクレームの数が多かった。お客様は安いツアーに不満爆発。こちらは大クレームにひたすら頭を下げる。その光景は「幸せ」とはほど遠いものだった。

考えてもみてほしい。値引き要請にしぶしぶ従ったホテルや航空会社は「旅行会社さん、いつも大量に送客してくれてありがとう」などとは思っていないであろう。

仮に添乗員の日当が1万円で、40人のツアー客を引率しているならば、そのツアー客ひとりが添乗員経費として負担している日当は、一日あたり250円である。大の大人を御用聞きのように使って250円。高校生バイトの時給よりもはるかに安い賃金で海外旅行の添乗員は働いている。これではまともな旅程管理などできるはずがない。

こんな値段で添乗員に文句など言ってはいけないのである。旅先の空港などで添乗員に声を荒げているツアー客を見かけると、同業者として、とてもせつない。良識あるツアー客であれば、団体ツアーの添乗員には、夜、ビールの一本も差し入れしてあげてほしい。そのちょっとした気遣いで、彼ら、彼女らがどれだけ救われるかわからない。

旅行業界で働く人の中にも「本来こんなツアーを売るのはおかしい」と思いながら、上司の命令や暗黙の了解のもと、不本意な仕事をしている人は多いのではないだろうか。現場の最前線で働くスタッフは「サラリーマンだから仕方ない」「言ってもしょうがない」と自ら考えることをやめ、入社当初の燃える闘魂や高く掲げた理想を封印することになってしまう。

その結果、何が起きるのか。

目先の売り上げや集客といった、わかりやすい現実だけを見ることで、働く人が誇りを失い、社会全体が輝きを失っている。そのように私の目には映る。社会全体にストレスが満ちて、些細なことで電車の車内やホームでけんかをしたり、執拗なクレーマーのような形になったりして、私たちの心をゆがませているのではないか。

話が飛躍しすぎていると思われるかもしれないが、私は「旅には社会を変える力がある」と信じている。

私ひとり、スタッフひとりの二人三脚で「ベルテンポ・トラベル」という小さな旅行代理店を創立してから15年。同業者からは変人奇人と思われながらも「既存の旅行会社がやっていることの逆をやれば、きっとお客様想いの会社になるはず」という信念に従って、自分が考える理想をとことん追求してきた。

「旅って本来、こうあるべきなのでは？」と世に向け発信を続けてきた結果、少しずつではあるが賛同してくれるお客様が増えてきた。

自立した大人が日本や海外の文化・芸術・食事・音楽に触れ、何かを感じ、その経験を糧にして、ひとつ成長したと思える。そのような感覚を、旅を通じて提供できているのではないかと自負している。

目次

第一章　いい旅の話

第二章　いい街の話

第三章 いい未来の話

あとがき　～旅とは、人と人をつなぐもの～

装丁・本文デザイン――齋藤美里（エイチエス）
編集――斉藤和則（エイチエス）

第一章　いい旅の話

なぜ、私たちは旅をするのか。
ものごとの本質を旅から学ぶこともあれば、
旅をきっかけに何かを考えることもあり、
旅を通じて成長することもできれば、
礼儀作法や思いやりを身につけることもできる。
私はそう信じている。

天国にいちばん近い旅

「ニュージーランドに行きたいのです。相談にのっていただけないでしょうか」

パソコンのメールボックスに飛び込んできた、池田さんという女性からの問い合わせに、私はいつものようにお答えした。

「お体に障害がある方の旅行は準備に時間がかかります。慎重な手配を行うためにも、通常は2~3カ月、場合によっては半年の準備期間が必要です。今週末、今月末というわけにはいかないのです」


「私たちには残された時間がないのです。なんとかお願いできないでしょうか」

切羽詰まったような文章から、ただならぬ決意が感じられて、私は詳しく話をうかがった。

「夫婦ふたりで旅がしたい。希望の行き先はニュージーランド。この秋に開催されるラグビーワールドカップの試合を観に行きたい。主人は末期の膵臓がんで、余命宣告もされており、４年後のワールドカップをライブで観ることはおそらく叶わない。主人は病気で倒れる直前まで社会人ラガーマンとしてピッチに立っていた。今は退院して自宅で療養しているが、何とかニュージーランドまで出かけてワールドカップの試合を観せてあげたい」

重度の障害がある方や進行性の病気の方の旅行をお引き受けする際、当社が条件とすることはふたつ。

ひとつは主治医のＯＫが出ているか。もうひとつは、本人が行きたいと願っているか。

今回のケースでは、主治医は「もう好きなようにさせてあげたらいい」と言ってくれているとのこと。これまで引き受けた進行性の病気の方で、ドクターが難色を示したケースは一件のみ。病状が安定していてれば、通常ドクターは外出や旅行に好意的だ。

私は電話でふたつめの質問をした。

「ご主人はなんとおっしゃっていますか？」

お答えは「じつはまだ話していないんです」

よくあるケースだ。本人の気持ちを確認せず、家族が「連れて行ってあげたい」「最後の思い出をつくりたい」と訴える。熱が入りすぎて、私たちプロの制止も助言も聞かず、旅行中に病状を一気に悪化させたケースも見てきている。家族の想いが先走っては、良い結果にはならない。本人の意欲はドクターのＯＫよりも大事であり、それが旅行の実現に向けて高いハードルとなることが多い。

しかし、事前にご主人に話をしなかった理由は「もし先に話をしたら、行きたいと言うに決まっている。だけど、旅行会社に断られてしまったら、本人がガッカリするだろうから」ということであった。

電話をつないだまま、ベッドで休んでいるご主人に確認してもらうと、「指で大きなマルを描いています」と。２つめのハードルもクリアした。

私は大至急、手配を始めなければならないのだが、奥様も「自分は何から準備したら良いか、まったくわからない」と困惑していた。「スーツケースを買うこと？　着替えの準備？　病院？」

私はひとつだけお願いをした。

「パスポートの準備をお願いします。パスポートは10年で申請してくださいね」

奥様からメールをいただいた。

高萩さん、私は主人の最期が近づいていることに焦り、とにかく思い出をつくりたいと、そればかり考えていました。

でも、高萩さんのメールを読んで、はっと気がついたのです。

今、私がしなければならないことは、

未来への光を見つけることだと。

10年のパスポートをとるということは、

まさに『生きる証』としての光を見つけることそのものですね。

目が覚めました。

ありがとうございます。

パスポートは時に、人に生きる意欲を与えるものである。そのことを今回も痛切に感じた。

さて、私はきわめて限られた時間で手配を進めなければいけない。世界規模の大イベントにおける手配では、ネックになる障壁から順にクリアしていく。

この旅行では、なんといってもワールドカップラグビー日本戦のチケット、それも車椅子席をとらねばならない。併せて、高騰しているホテルの部屋も確保する必要がある。さらには、リフトがついた特殊な車両での送迎も必要だ。

チケットはあるルートから確保できることがわかったが、正規の価格の何倍にも跳ね上がっていた。「ホテルも手配可能」と連絡があったが、信じられない料金。驚くほど高額な見積りを手に、池田さんのご自宅に向かった。

私はものには相場があると思う。この時の見積り価格をここには書かないが、おそらくビジネスクラスで夫婦が世界一周できる金額であった。

それで、「正直、この値段を払ってまでニュージーランドに出かける価値はないと思います」と伝えた。

見積りを見て、奥様も納得してくださった。


その見積り金額が影響したとは思いたくないが、ご主人の体調も安定しなくなってきた。主治医からも「10日間の長旅は体力的な負担が大きすぎるので、もう少し近場にしてはどうか」との助言があった。

ご夫婦で話し合いをしてもらい、行き先は突然、「グアム」に変更となった。負担を考えてビジネスクラスを手配し、バリアフリールームを確保。あとは出発を待つのみだったが、3日前になり、腫瘍マーカーの数値が高くなってしまった。

主治医から「海外旅行だと、何かあったときに駆けつけてあげられない。国内に変更はできないか」と言われて、またもや行き先変更。

行き先を「沖縄」に変更することとし、私はあるホテルへの滞在を提案した。そこは超高級リゾートではないけれど、滞在しているだけで幸せを感じられ、私が心から信頼するホスピタリティをもつ「ホテル日航アリビラ」。幸いなことに1室だけ設置されているバリアフリールームは空いていて、確保することができた。

奥様に「ところで何日間の旅にしますか?」と今さらながら尋ねると、「高萩さん、決まっているでしょう。6日間!」

そうだ。そもそもはニュージーランドに10日間行くつもりで相談を受け、グアムなら近場だからと6日間に変更したことを思い出した。「グアムなら4日、沖縄なら2泊3日」などというのは、旅行会社がつくり出した、何の根拠もない常識にすぎないと気がついたのであった。

当日、国内旅行とは思えない大きなスーツケースを抱えて羽田空港に現れた池田さんご夫妻。実家のお母様もお見送りにいらっしゃった。羽田空港のJALに勤務する、大分舞鶴高校出身の元ラガーマンである私の親友も見送りに来てくれた。

そういえば、昔は駅でも空港でも盛大な見送りというものがあったなあ。私も大分の田舎から就職のため、ブルートレイン富士号で上京した時は、大分駅にも大勢の仲間が見送りに来てくれたものだった。そんなことを思い出しながら機上の人となった。

離陸し、シートベルト着用のサインが消えると機内サービスが始まった。池田さんのご主人はソフトドリンクを注文するかと思いきや、手にオリオンビールを持っている。沖縄線はアルコールの機内販売があることを機内放送で〝耳ざとく〟聞きつけたようだった。


那覇に着き、ゆいレールで那覇市内へ。

この日は、本来ならニュージーランドで迎えるべき日だったのだ。私は、ラグビーワールドカップを現地で観られないのであれば、那覇のスポーツバーでパブリックビューイングだと考えた。あるスポーツバーにお願いし、ケーブルテレビのスポーツチャンネルで中継されるラグビーの試合を特別に放映してもらえることになっていた。

スポーツバーの人はとても優しく、営業開始時間前なのに快くお店を開けてくれた。店内に3人だけのパブリックビューイング。まずは試合開始に合わせて乾杯。種類豊富に揃ったビールを次々に楽しみながら試合を応援する。

あいにくニュージーランドのワンサイドゲームとなり、ついには得点が100点を超えた。日本があまりに無残に負けてしまい、応援の杯はいつかヤケ酒に。私は池田さんに「ニュージーランド、行かなくて良かったですねー」と笑った。

ホロ酔いをやや通り越した状態で（池田さんはたしか膵臓がんだったはずだが）、予約しておいたタクシーに乗ってホテルに向かった。緊張と慣れない移動でお疲れになったであろうおふたりにはゆっくり休んでいただき、最初の夜は更けていった。

翌日は朝寝坊し、お昼ごろからタクシーで観光に出かけた。楽しんでいただけたようだったが、池田さんの表情から見て、体力的にはもう限界なのかもしれないと思えた。それで、「明日からはもうどこにも行かないで、ホテルで過ごそう」と決めた。

ご主人の体調が回復したようだったので、ある快晴の日、一緒にプールに入ってみた。がんがここまで進行して、プールに入れるなんて思ってもみなかっただろう。奥様はプールサイドで携帯を操作して、誰かに連絡をとっていた。聞くと、見送りに来てくれたお母様や、職場で留守を預かってくれている仲間たちに連絡をしているという。

「みんな、心配してくれているんです。具合が悪くなっているんじゃないか。大丈夫かなと。だから元気で泳いでいるとメールしているんです」

　ご夫婦と私の3人で旅をしているとばかり思っていたが、そうではなかった。自宅と職場がある東京、埼玉で、みんなが一緒に沖縄を旅している。旅の仕事を30年近く続けていて、あらためて気がついたことだった。

　旅は本人たちだけがしているのではない。サッカーで言えばサポーターのように、この旅を全力で応援してくれている家族や仲間がいる。

　私はすぐに携帯を取り出し、プールに入ってくつろぐ池田さんご夫妻を動画で撮影した。そしてプールサイドから即、ユーチューブに投稿。奥様に「今、ユーチューブに動画を投稿したので、家族やお仲間にパソコンで見てもらってください。ユーチューブを開いて、ベルテンポ・池田さんと入れると出てきますよ。留守を守っている人で誰かパソコンに詳しい人、いますか？」と伝えた。

奥様はすぐにあちこちへ電話。「ねえねえ、今、近くにパソコンある？　ユーチューブってわかる？　ベルテンポ・池田って入れてみて」

電話口の向こうから、弾んだ声が聞こえてきた。

「出てきた、出てきた！　うわー、楽しそう。沖縄、天気いいんだね。まだ暑いの？」

今、生きていること、生かされていることを確かめる6日間の沖縄の旅が終わり、しばらくして、奥様からお礼の手紙と写真アルバムが届いた。

アルバムに添えられた奥様からのメッセージ。

もしも天国というものが本当にあるなら、
そこはアリビラのようなところであってほしいと思います

ほとんど字を書くことが叶わないご主人からは、一言。

　　楽しかった

揺れる文字が心を込めて書かれていた。

翌年、天国へ旅立ったご主人は、今でも私の自宅の神棚の中で微笑んでいる。

今日も私は声をかけてから、旅に出かける。

「天国はアリビラみたいなところですか？」

私たちは旅行屋？　それとも何屋？

さて、私たちは何屋なのだろうか？

旅行の仕事をしているのだから、旅行という商品を販売している「旅行屋」。同業者の多くがそう思っているだろうが、私は少し違う考え方をしている。

私たちベルテンポが提供しているのは「コミュニティー」だ。つまり人と人のつながりをお客様に提供しているのだから、「コミュニティー屋」が正しいと考える。

もちろん、お客様は「コミュニティーひとつください」と私たちの会社を訪れるわけではない。「友達がほしいのです」とやってくるのでもない。お客様は「旅に行きたい」とやってくる。そして、旅に出て帰る頃には「人と人のご縁って素晴らしいですね」とおっしゃるのである。

このご縁の相手は、たまたまご一緒した旅仲間かもしれないし、旅先で出逢ったバスのドライバーやバスガイド、あるいは客室乗務員であるかもしれない。たわいもない会話を交わしたレストランのスタッフやお土産店の人ということだってある。

私たちは、旅のプランにできるだけ「現地の人とより多く触れ合える」環境を盛り込むことにしている。北陸であれば和傘職人の工房を訪ね、京都であれば仏具職人や仏師の話を直接じっくりと聴くことによって、その土地の旅の印象はまったく違うものになる。

今、旅のスタイルは確実に変化してきている。家電メーカーや大型スーパーと同様、一昔前の「商品を安くたくさん作れば売れる」意識から抜け出せていない旅行業者はすでに周回遅れのような状態だ。

インターネットの普及もあって、消費者は情報も経験も基本的にはお腹いっぱいで、安いだけでは食指を動かさない。

誰が旅行に行きたいと考えているのか。何をしに行くのか。旅行から帰ってきてどんな気持ちになりたいのか。その程度のことすら意識できていない業者に未来があるとは思えない。

どんな業界でも意識改革の遅れは致命的な結果を招く。私は「旅行屋」ではなく「コミュニティー屋」として、何ができるか、何をすべきか考えたい。

ゆっくりゆったり旅をしよう

団体ツアーは総じて忙しい。なぜかと言うと、盛りだくさんの内容にしないと売れないから。

昔、私が会社で企画を担当していた頃、お客様の体に負担の少ないゆったりツアーを企画したことがある。観光地の滞在時間をゆったりとり、見どころとまでは言えない観光地をいくつか省いて売り出したところ、まったく売れなかった。たとえば北京半日観光の行程に天安門広場、故宮、天壇公園を入れるか、天壇公園はカットするか悩む。悩んだあげく、真夏の暑い時期であれば汗もかくし日陰も少ないからと、少しゆったりめの行程を組むと、そのツアーはほとんど売れない。

理由は簡単。同じ値段なら、ひとつでも余計に観光地に行けるツアーがお得に見えるからである。バナナ１房が２００円なら、誰でも１房３本より５本ぶら下がっているバナナを買おうとする。そのほうが得した気分になるからで、これは人間の心理としてはやむをえないことではある。

しかし、その「お得なツアー」は無理のある行程になっている。ホテルの出発時間が異常に早かったり、観光地での滞在時間が削られたり。足の悪い人がツアーに参加すれば、迷惑がられたりしてしまう。

バスでの移動距離も乗車時間も長くなるので、疲れは日々蓄積されて、移動中のバスでは死んだように眠りこけている人がほとんどだ。最終日、無事に飛行機に乗ってツアーは解散。リムジンバスで自宅へ帰り、玄関のカギを開け、靴を脱ぎ、畳にゴロンと大の字になって出る言葉は「あー、やっぱり我が家がいちばん」。

せっかく時間とお金を使って旅行しているのだから、旅行業界はお客様にこのセリフを言わせてしまってはいけない。言わせたら、「プロとしての敗北」だ。

いくらお客様との旅行契約通りでも、ただ行程をこなせばいいというものではないはずだ。

「クタクタになって帰宅して、写真を現像してみたら、どこのお城か観光地かまったくわからず、行った記憶さえありません」と笑い話のように私に話をしてくれたお客様はひとりやふたりではない。

「ああ、スイスならもう言ったわ」とおっしゃるお客様に「どちらのホテルに泊まりましたか?」と都市名やホテル名を聞いてみても、明確な回答が返ってくることはまずない。

私のひとつの信念として、「旅は疲れちゃダメだ」と思っている。旅行をコーディネートする側は、お客様を必要以上に疲れさせないように、現地で十分な休養がとれるようなプランをつくることは責務と言える。

ヨーロッパのツアーなどで12時間以上も飛行機に乗り、狭い機内で辛抱をして、時差でクタクタになっているのに、翌朝からいきなり観光ということがある。これは本当に体に悪いはず。

「理想ばかり言って。だから、お前は嫌われる」と怒られそうだが、当社のお客様は体の不自由な方や高齢の方も多いので、休養は必須の条件と言えるのだ。長丁場の旅行だと、日々、疲れは蓄積していくため、朝、観光に出かけてお昼を食べたら、一旦ホテルに戻って2時間くらい休んでいただき、それから夕食に出かける。そんなプランを喜んでくださるお客様は実際にいる。私の経験上、お客様は「あれもこれも見たい」と思っていないことも多い。「せっかく来たのだから、あれも見て、ここも見て、ここで必ず写真を撮って」と誰もが考えているというのは、旅行会社に長く勤める者の思い込みであると私は信じている。

だって、眠いのに無理してもう一カ所、名前も覚えられない観光地へ行って幸せですか？

お客様の幸せと笑顔をベースに行程を考えたら、ゆったり行程は必須なはずでしょう。

朝は起きたい時間に起きる。朝食も時間をかけてのんびり。出発は遅め。観光地は絞り込み、昼食は2時間近くかけてゆっくりと。午後、一カ所どこかを観光して、とにかく早めに宿に入る。夕食前にはシャワーを浴びてひと休み。こんな旅を私ならしたいです。

どうですか？　あなたも本当はこんなスタイルの旅がいいと思っているのではありませんか？

どこにも行かない何もしない幸せ

本章最初の「天国にいちばん近い旅」の話に少し戻る。池田さんの体力の限界を考えて、ホテルから出ずに過ごしていた日々、奥様は何をしていたのか。

聞いてみると、「読書です、読書。スーツケースに詰めてきたのは、日ごろ介護に追われてまったく読む時間がない本。チェックインしてすぐベッドサイドに並べたんです。夜、主人が寝てからもずっと読書。幸せです」ということだった。

私たち日本人は、旅行に出かけると「どこかへ行かなければもったいない」と思ってしまうクセがある。何もしないのがいちばんの贅沢かもと思っても、ベランダやプールサイドで本を開くのは大の苦手。ホテルで一日ずっと過ごすことなど躊躇してしまう。池田さんの旅では5日間、ホテルの敷地から一歩も出ずに過ごした。それこそまさに至福の時間だったのだ。

福祉用語に「レスパイトケア」という言葉がある。レスパイトは「休息」、ケアは「配慮、気配り」といった意味であろうか。

家族の中に要介護者がいると、介護をする側が心身ともに疲弊してしまう。そのため、時には介護を受ける人をショートステイの施設などに預け、介護をする家族がわずかの間でも休息をとる必要があると言われている。介護をする人間の心身の負担はたいへんなものであるのに、当の本人たちは頑張りすぎてしまうため、体にも心にも疲れがたまっていることに気がつかない。そして、突然燃え尽きてしまったり、倒れてしまったりすることもある。

私はこの仕事をしていて、旅行もレスパイトケアの役割を果たす可能性が十分にあるとみている。要介護の家族を旅行に連れていけるなら、誰もがそうしたいに決まっている。ただ、旅行中どのように過ごしたらよいか、具合が悪くなった場合はどうしたらいいのか、といった実務的なアドバイスを誰からも受けられないために、旅行を躊躇しているのだと思う。

家族が一緒に旅行をして、ほんの半日、いや数時間でもいいから別々に過ごしてみてほしい。ふだん介護をしている人が、自分の時間をもつことによって、どれだけ救われるか想像してみてほしい。

世間では「デフレだ」「価格競争だ」と嘆いているが、旅がもつ潜在的な可能性は無限大なのだ。旅を生業としている仲間たちが、そのことに気がついていないことが、本当にもったいないと思える。

旅の本が少なくなった

旅の本が少なくなったと感じるのは気のせいだろうか。

書店には「すぐ結果が出る」「ラクして達成」などと読者を煽る健康系・ビジネス系のノウハウ本が山積みになっている。旅行関係の本があったとしても、「3日で行ける」とか「お得な旅の仕方」系が多く、他にはお手軽な絶景写真集がベストセラーとして並んでいるだけだ。

写真を見て行った気になれば「もう満足」といったところだろうか。旅の活字文化はどこへいってしまったのだろう。そう思いながら書店をウロウロすると、旅のエッセイは有名人や芸能人が書いた「沖縄大好き」「ハワイ大好き」というたぐいの本が少々並んでいた。

活字からかき立てられる想像の世界は、個人の力量によるところが大きい。書く側の文章力や表現力もさることながら、読みとる側のセンスも大いに必要とされると思われる。

昔の話をすると若い人に笑われるかもしれないが、昔は旅に関する文章を読んで「いつかは必ず自分も」と夢を見た。そして、旅費を積み立て、なんとか休みをとり、夜行列車に揺られながら、先人の足跡を訪ねる旅をしたものであった。私にとっての先人は、歴史上の人物で言えば松尾芭蕉。現代では椎名誠であり、蔵前仁一、宮脇俊三、種村直樹である。

松尾芭蕉の『奥の細道』は、日本における旅紀行の最高傑作と言えるだろう。私は学校の教科書を読んだだけではモノ足りず、社会人になり、九州から東京に上京し、懐に多少のゆとりができるようになって、どうしても山寺に最初に足を運びたいと考えた。ひとり立石寺に向かい、蝉の声を聞きながら旅の醍醐味というものを体にしみこませたのを覚えている。

椎名誠の数々の名著を読んで冒険を疑似体験した人は多いだろう。蔵前仁一の秀逸な文章は、読み返すたび癒される。彼のゆるいテイストは、今なら大泉洋のセンスにつながるのではないだろうか。

子供の頃、北杜夫の『どくとるマンボウ』を読み、そのリアリティーとジョークに心を奪われ、宮脇俊三の『時刻表2万キロ』における細やかな描写に文学がもつ品格とユーモアを感じ、種村直樹の多くの著書からは汽車旅好きになるきっかけを与えてもらった。成人してからは、藤原新也のインド放浪をはじめとする、生と死と旅を重ね合わせた発想に衝撃を受け、生きることの意味について日々深く考えさせられている。

私が今、この人生を選んでいるのは、小学生の頃から青年期にかけて手にした旅の本から受けた影響によると言っても過言ではない。そのくらい、旅に関わる本が人生に強く影響している。

今、旅の最中に書をひらく時間は圧倒的に少なくなった。理由は簡単。持ち歩きやすいパソコンやスマートフォンが普及し、ネット環境が整ってきたからだ。私だって出張や添乗にパソコンを持参しないことなどあり得ないし、スマホは手放せない。プライベートの旅行なら置いていけるかというと、「持たない恐怖」に勝てない自分がいる。

それでも必ずカバンの中に本を入れて行く。ビジネス書であることも多いが、海外旅行など長時間のフライトがある場合には、ビジネス書ではない本を旅のお供にする。その土地のことが書かれた小説でも良いし、エッセイでもいい。妹尾河童の『河童が覗いたヨーロッパ』などは、旅に持参するのに最適だ。

20代の頃の話になるが、私が旅の友として読み、涙したのは、三浦綾子の『塩狩峠』が初めてかもしれない。北海道を目指すなら青函連絡船が当たり前の時代。夜行列車を乗り継いで北の大地に向かう車中で、主人公の車掌に感情移入した。

旅先で読む本は、自宅のリビングや寝室で読む本とは明らかに記憶への刻まれ方が違うのである。

同じ映画を見るのでも、ＤＶＤをレンタルするのと映画館へ足を運んで観るのでは、五感への刻まれ方が違う。映画館はスクリーンがワイドということもあるが、まわりに人がいるといった間接的な影響が与えるものが大きいと私は考えている。真っ暗な中でも人がいる気配、誰かが咳こんだりする音、隣の人が食べるポップコーンの匂い。これらと自分の感覚がミックスされることで、記憶に深く刻まれる何かが生まれるのだ。エンドロールの余韻など、ＤＶＤでは望むべくもない。

パチンコ店がなぜ繁盛するかという考察で「喧噪の中の孤独がある」という解説を読んだことがある。なるほど、あの遊戯は静寂に包まれた広い店内で、ひとりで遊んでいても面白いものではなく、テレビゲームなどでの再現性はないに等しいだろう。

それと同じで、本への引き込まれ方は、旅先だと違う。旅先は五感をフルに使わずにはいられない環境だ。動物としての五感が研ぎ澄まされた中で読む本には、都会の閉鎖空間で読む本以上の効果がありそうだ。ストーリーへの入り方も違えば、その後の人生への影響力もきっと違ってくるだろう。

旅の途中で読んだ本から受けた感銘、学んだ価値観、著者の人生哲学、そしてユーモア。これらは渦のようになって自分の中にとり込まれている。

次の旅ではぜひ、日常なかなか読めなかった本を一冊カバンに入れていってほしい。そして、パソコンを、できればスマホも使わない日を、一日でいいからつくってみてほしい。私たちはネット環境の普及でパソコンやスマホが手放せなくなり、五感が少なからずおかしくなっている。

まともな感覚を取り戻せるのは「旅という清浄な環境」だ。五感を本来の状態に戻し、活字というアナログなスタイルで取り込んだ情報を、自らの感性と情緒で最大限ふくらませる。そうすることで、自分らしさ、自分のあるべき本来の姿に戻れるという、大きな効果・効能があるはずだから。

書を持って、旅にでよう。

旅はスタンプラリーではない

「もうほとんどの国に行かれたのでしょうね、何カ国くらい行かれましたか?」

これは今まで何百回と聞かれた質問だけれど、非常に答えにくい質問でもある。

あまりに何度も聞かれるので、過去のパスポートをひっくり返して調べてみたら、40カ国ほどだった。

「思ったより少ないですね。もうほとんど行きつくしているかと思いました」

だいたいそんな反応が返って来る。質問している人に他意はないので、そのまま聞き流せば良いのだが、すぐムキになる性格の私は「1カ国訪問の定義」について考えてしまうのだ。

私は中国にはこれまで50回ほど渡航しているので、これは「訪問した」と自他共に認められるだろう。あいにくチベットには行けていないが、内モンゴルからシルクロード敦煌、トルファン、ウルムチ、カシュガルなどには足を伸ばすことができている。

カンボジアには5回足跡を残している。これも「訪問」で良いだろう。いや、ちょっと待てよ。過去5回ともシェムリアップにしか行ってないぞ。首都プノンペンに行かずして、「カンボジアにはもう行きました」と言って良いものか。

ロシアはサハリンだけ、パリは空港だけだが、入国スタンプは押された。

「その国を訪れた」とは何をもってそう言うのだろうか。

「そんなに難しく考える必要はないよ。スタンプラリーみたいなものさ」と言った人がいるが、私はそうは思わない。

外国人が韓国や中国、台湾のついでに日本に来て数日間滞在し、「フジヤマ、ゲイシャ」とつぶやいて、次の国に移動していったとする。その人に「ああ、日本には行ったことがあるよ。一度行ったからもういいや。次は別の国に行くよ」と言われたら、悲しくはないだろうか。「それじゃ、日本を見たことにはならないよ。日本にはいいところがたくさんあるのだから。北海道と沖縄じゃ同じ日本と思えないくらい気候の差があるし、春と秋では見せる姿がまったく違うのだから、何度も来てほしいな」。そう思わないだろうか。

回数をたくさんこなしている人が旅の達人で、より多くの国に行ったことがある人が偉い。そんな風に考える人は、旅の本質をまったく理解していない、と私は思う。

何のために旅をするのか

人は何のために旅をするのか。

入国スタンプを集めるため?

——海外旅行はスタンプラリーではありません。

写真をたくさん撮って、帰国してから友達に見せるため?

——日本人は写真を撮りすぎです。

シャッターを押す回数が多ければ多いほど、旅行の印象は薄くなる。

私は旅行中、お客様にはできるだけ自分の目に風景を焼き付けてほしい。そう思って、撮影代行を買って出る。せっかく旅行に来て、写真を撮ることが目的化してしまうのは残念で仕方がない。だから私は首からカメラをぶら下げて、お客様の代わりに写真をパチパチ撮るのです。お客様がシャッターを押す限り、自分自身は写らないし、ご夫婦でそれぞれシャッターを押しているのももったいない。

お土産はどうだろう？

近所や勤務先に配るお菓子を買っても、じっくり自分のお土産を選んでいないのではないだろうか。

カナダならメイプルシロップとか、宮崎ならマンゴーとか、いわゆる定番のお土産がわかりやすい場所もあれば、何をお土産にすれば良いか困ってしまう場所もある。そんな困ったときは、私はスーパーなどで日用品を買うことをおすすめしている。たとえば帽子やセーター。地名入りのものではなく、地元の人が普通に買う日用品だ。歯ブラシでもかまわない。使い捨てではない日用品は、使うたびその旅行のことをいつまでも思い出させてくれるものである。

ちなみに私は宮崎県の飫肥《おび》という小さな城下町の洋品店で、優しそうなおじいちゃんが店番をしていたので、ごくごく普通のブリーフを一枚買った。今でもそのブリーフを身につけると飫肥を思い出す。

スイスではそれほど高くない時計を一訪問ごとにひとつ買う。おかげで日本にいても、スイスの思い出が腕にくっついている。

旅を思い出すには、連想ゲームのように物と思い出とをつなぐことが望ましい。

前置きが長くなったが、本題の「何のために旅をするのか」について。

私は、国内旅行は「知らない日本のことをもっと知るため」、海外旅行は「外国の文化や風習、食事や民族を通して、日本の良さを再認識し、日本をもっと好きになるため」にするものだと考えている。

海外に出ると、日本という国がいかに安全で秩序だっているか、国民が道徳的に素晴らしく優しく温厚な人間の集まりであるか、再認識させられる。

芸術の街バルセロナはスリの巣窟だったし、パリの空港はストライキばかりやっているし、スイスの物価は日本人なら目を丸くするくらいに高い。カナダのスーパーでは接客も商品の品質も適当だし、インドの空港ではスーツケースが開けられ、何がしかのものがなくなっていた。日本は本当に世界有数の秩序ある国だと思わずにはいられない。
それでもバルセロナは街中が美術館のような美しさで食べ物もおいしく、たとえスリがいっぱいいても「また行きたい」と思わせる魅力にあふれているし、パリの人々はどうしたってカッコいい。スイスは観光立国の先輩として学ぶことがたくさんある。カナダもインドも懐の深い素晴らしい国だ。

私たちは井の中の蛙になってはいけない。そうならないために、老いも若きも旅をする必要があるのだ。

何のために？

自分と自分の国を知るために旅をするのだ。

団体
ベルテンポ
BELTEMPO

ひきこもりにも旅を

私はカウンセラーではないが、ひきこもりの相談をよく受ける。

15年前に会社を設立した時は、ひきこもりなんて言葉はなかった、ような気がする。ひきこもりがなかったのではなく、そんな定義がなかっただけかもしれないが。


「うちの子が学校に行かないんです」

「会社を辞めてから、ずっとうちにいるんです」


繰り返すが、私は臨床心理士でもなければ医者でもないので、できる助言はただひとつ。

「本人が行きたいというのであれば、旅行にご一緒してみますか?」

そう、私にできることは「旅行」を通じて、本人の心の扉が開くのを待つだけなのだ。

四国に住むIさんからの相談も息子さんのことだった。

「息子が学校でいじめられて、家にひきこもっている。ほとんど部屋から出てこない。カウンセラーの方が一生懸命対応してくれるのだけど、進展がない。そんな時、ベルテンポさんという会社を見つけて、ここなら何か解決のヒントがあるかもと思ったんです」

私は話を聴いて、ホノルルマラソンへの参加をすすめてみた。このイベントを選んだ根拠は何もないが、ひとつの切り口になる可能性を感じていた。

Iさんは、まさかホノルルマラソンを提案されるなどと思っていなかったようだが、「息子に話してみると、意外にも『興味がある』との返事だった」そう。それで、気が変わらないうちにと、すぐに親子ふたりでの参加を決めた。この行動力は称賛に値する。

ホノルルマラソンへの参加エントリーも済み、旅行費用の支払いも済み、あとは出発だけとなった旅行前日、私の携帯電話が鳴った。前日の夜にかかってくる電話で良い知らせなど、今まであったためしがない。案の定、電話の向こうでIさんが泣いている。

「息子が『やっぱりハワイには行けない』と言うんです。『知らない人と一緒は無理だ』と。ギリギリまで説得したのですが、もう時間切れですね。あきらめました」

最初から一抹の不安はあった。仕方がない。旅行は首根っこをつかんで連れていくような性質のものではない。

ところが、Iさんが続けた言葉に驚いた。

「私、ひとりでも行こうと思うんです。いいですよね、私だけでも。この際だから、ホノルルマラソン、私ひとりで走ります」

意外な展開だったが、私は「それもアリですね。賛成です」と答えて、成田空港で合流することになった。

「松山から成田までは、泣きっぱなしでした」

ホノルルに着き、何か憑きものが落ちたかのようにさっぱりした顔でＩさんは笑った。息子さんがいないハワイはちょっと寂しい気もしたが、青空の下、ビーチで遊び、お酒を飲み、買い物を楽しみ、しっかりとマラソンを完走してＩさんは帰路についた。

帰国後、Ｉさんから、さらに驚くべき報告を聞かされることになった。

「息子が『卒業式に出る』と言い出したんです」

家からほとんど出ることがなかった息子さんが、何を思い、どうして学校に行こうと決心したのか。Ｉさんからの報告を聞くと、帰国した母親のさっぱりと晴れやかな顔を見て、息子さんはこんなことを言ってくれたらしい。

「自分の時間もプライベートも、すべてを投げ出して、いつも１００パーセントのエネルギーを自分に向けてくれているお母さんには感謝しているのだけど、自分はいいから、お母さんはお母さんの人生を生きてほしい」

学校に行けない状態になってからは、こう着状態になってしまい、母の顔からは笑顔が消え、息が詰まるような「学校に行こう」「行かない」の狭い議論の応酬が続いていたようだ。息子さんからすると、一週間、親と離れて過ごす時間を得て、いろいろなことを考えたのだろう。そして、久しぶりに見る母親の表情は、明らかにホノルルマラソンに出かける前とは違っていた。

Iさん親子にしてみれば、離れて初めて見えた世界があった。もうそれで十分だ。

私も3回ほど、ホノルルマラソンをフルで走ったことがある。アスリートでもなんでもない私は「走った」というより、半分以上「歩いた」という言い方が適切だが。

走ることは無心になることでもある。私の経験では、最初の10キロは頭の中は日本に残してきた仕事のことでいっぱいいっぱい。「あ、あの仕事まだやってない」「あ、コールバック忘れた」「いけない、請求書出してない」などと、夜明け前のホノルルの市街地を走りながら邪念にまみれている自分がいる。

10キロを過ぎるあたりから、頭の中が真っ白になってくる。脳みそに体が勝つ状態とでも言おうか、人間としてより、動物として体を動かしている事実が勝っている状態と言えるかもしれない。

20キロを過ぎると後悔あるのみ。足を引きずりながら「どうしてエントリーしちゃったんだろう」「もうこれっきりにしよう」「なんでお年寄りに抜かれるんだ」と自分を責める。果ては着ぐるみのドラえもんにまで抜かれる、情けない落ちこぼれ経営者。それでも足を引きずりながら走って（歩いて）いると、沿道の声援が心に染みる。

「キープ・ゴーイング！」

「ゴー・フォー・イット！」

「いいぞ、そのまま！　やるっきゃないでしょ」。そんな意味だろうか。

私は沿道の見ず知らずの人たちの声援を浴びながら、こう思う。

「フルマラソンって、人生そのものじゃないか。邪念にまみれ、仕事のことが頭から離れず、つらい上り坂やきつい下り坂。照りつける灼熱の太陽。苦しいことが多いけど、一歩ずつ前に進まない限りはゴールにはたどり着けない。もうダメかもと苦しんでいると、まったく知らない人からの助け舟。その声に救われて、また頑張ろうと思えてくる」

フルマラソンは人生そのもの。

ホノルルの42・195キロを完走した私の実感だ。


Iさんはひとりで走りながら、何を考え、何を感じたのだろうか。

きっと涙を流しながら、子供が生まれたばかりの頃、小さかった頃、子育てに夢中だったこと、忙しくてかまってあげられなかったこと、家のこと、仕事のこと、あふれる想いを胸に走り、そしてすべてを出し切って、ゴールしたのだろう。だからこそ、あのすっきりした表情になれたに違いない。


ひきこもりや不登校の問題を語る資格は私にはないけれど、もしも学校にいけない子供がいたら、まわりの大人たちは、学校に行かせることを目的にするのではなく、学校以外の居場所をみつけてあげてほしい。それはもしかすると旅先で誰かの役に立つことかもしれないし、外国で現地の言葉で会話をすることかもしれない。

環境を変えてみるのはとても大事なことで、子供を外に連れ出そうとするのではなく、Iさんのように親がどこかへ出かけることも、環境の変化や何かのきっかけにつながることもある。

家族の間に吹くかすかなすきま風は、社会のひずみそのもの。どうか、家庭内だけで抱え込むのではなく、旅が持つ回復力や治癒力を使って、緊張して固くなっている脳みそや心のコリをほぐしてほしい。時には抗生剤より旅が心に効くことだってあるのだから。

安い旅とは

「ベルテンポの旅は、他の会社よりどのくらい高くなるのですか？」

新聞やテレビの取材で必ずされる質問である。そして、私がもっとも腹がたつ質問のひとつでもある。

たとえば大手ツアー会社がスイス29万8000円という商品を売り出してい

て、当社のセミオーダーメイド旅行が59万8000円だとすると、単純に計算すれば、当社の料金は他社のほぼ2倍。それでもリピート率は約90パーセント。

極端な例かもしれないが、吉野家の牛丼300円と比較すれば、人形町今半のランチはおよそ3000円で10倍もする。それでも売れる秘訣は……などといった話を聞きたいだろうか。

そう。求められているニーズがそもそも違うし、社会的な役割も違うのだ。価格だけをものさしにするメディアは、消費者をバカにしているとさえ思う。

「もっと安い旅もつくってほしい」

このようなメッセージを創業当初はたくさんいただいた。しかし、当社は格安ツアーの販売はしていない。それは、わざわざ私たちがやらなくても、安売りを得意とする同業他社がすでに何千社、何万社とあるからだ。

「ベルテンポさん、言っていることはわかるんだけど、もっと安い旅もつくってよ。レベル低くていいから」などとおっしゃる方もいる。

この方が言う〝レベル〟が何を意味するかはわからないが、旅の費用が高くなる主な理由は「素材と手間ひま」だ。

当社の近くに和菓子屋がある。高齢のご夫婦が娘さんと頑張っている昔ながらの店である。私はここの1本130円のみたらし団子が好きで、よく買いに行く。

100メートルと離れていないコンビニには3本で110円のみたらし団子があるが、私は買ったことがない。メディア的発想なら、この和菓子屋の団子はコンビニの約3・5倍の値段だが、よく売れるということになる。

和菓子屋の団子とコンビニの団子。素材と手間ひまが違うことは明らかであろう。良い素材を使い、朝早くから手間ひまをかけて作った団子は、旨いに決まっている。

残念なことに、旅は素材選びや、企画手配段階での手間ひまが、お客様にはわかりにくい。だからといって、ことさら手間ひまを売りにするのも鼻につくだろう。私は「わかる人にだけわかる」程度で良いのではないかと考えている。

当社の旅をリピートしてくださる方は、違いをわかってくださっているのだと思う。

販売価格を下げる簡単な方法は、膨大な量を仕入れ、どんどん販売することである。スーパーマーケットと同様、旅行業界もとにかく大勢のお客様を相手にするのが、安く売る方法と言える。

ここで私が考える、安い旅の分類（根拠）をあげてみる。どれも言われてみれば当たり前のことだろう。

(1) 広告宣伝のために投入される「施策商品」
(2) 原価をギリギリまで抑えた「質がそれなりの商品」
(3) 在庫処分・シーズンオフ対策の「過剰在庫型商品」
(4) 本来は販売してはいけない「売ってはいけない商品」

(1)の「施策商品」は、大手旅行会社が新年に初売り新聞全面広告を出しているような、客寄せのために採算を度外視して販売する商品だ。または、何らかの事情で需要と供給のバランスが崩れ、販売促進費用が投入されて売るような商品である。

大手の旅行会社がこんなやり方をしているのはどうかと思うが、先着○名の枠に入ればお得なことは間違いない。ある会社の担当者に聞いたところ、「初売りキャンペーンのような数量限定ツアーは、発売開始から10分で全商品が売り切れる」とのこと。採算度外視であるから、ホテルや飛行機の質や時間帯に文句が出ることはないはずだ。

(2)の「質がそれなりの商品」が世の中にはいちばん多く存在する。利用ホテルなどもその地域ではそれなりのランク。飛行機の時間帯も良いとは言えず、食事などもきわめて限られた予算で提供される。そんな食事が美味しいはずはないが、食べられるだけ幸せ。旅行会社も「全食事付き」との看板にウソはついていない。

(3)「過剰在庫商品」。季節外れは何でも安いのが当然。「シーズンオフでも行ければラッキー」という人にはおすすめ。

ある時、新聞に「○○ホテルに泊まるカナダ」のツアー広告が出ていたが、なんと12万円台からの魅力的な価格設定で「あの名門○○ホテルが確約」と書かれている。目を疑ったが、広告を細かく読んでいくと、「あ、この時期じゃ、そうだよな」と納得した。

5月のカナディアンロッキー。私は現地に住んで実際にツアーガイドをしていたからわかるのだが、この時期、天候は安定せず曇りか雨、時には吹雪になることもある。路面が凍結することも多く、ハイウェイでの事故は少なくない。「宝石のようなエメラルド色」の湖もまだスケートリンクのように凍ったまま。しかし、広告に「この時期には湖は凍っています」「雪が降ることも多く、観光が中止になることもあります」などとは書かれていない。このような時期に「安いから」と言って旅をするのはおすすめできないが、多くの消費者は現地の実態を知らないのだから、申し込んでしまう人もいるだろう。

ここまで極端な例は一部……なら良いのだが、結構多いのだ。くれぐれも気をつけてほしい。旅行会社にツアーを申し込む際、「どんな気候ですか?」「シーズンオフだと、どんなデメリットがありますか?」と、ぜひご確認を。

ただし、本当に「お得に旅行できる」シーズンがある。たとえばグアムの12月初旬、ハワイの4月初旬といった、多くの人が旅行に出かけにくい時期が穴。旅行の料金は需要と供給で決まるので、供給過多になる「人があまり動かない」時期で、現地が決して悪くない時期ならお買得だろう。

安いツアーに申し込む場合は、くれぐれも、その地域が雨季やモンスーンで本来の観光ができなかったり、逆に雪に閉ざされていたりしないか確認することを強くおすすめする。旅行は行ってしまってからでは、時間を巻き戻すことはできないのだから。

(4)本来は販売してはいけない「売ってはいけない商品」は、言い換えると「無茶なツアー」だ。

何年か前、青森県で観光バスが道路から転落し、乗客が亡くなるという痛ましい事故が起きた。バスの運転手はタイヤにチェーンを巻いていなかったことで逮捕され、バス会社には家宅捜索が入った。私が何より驚いたのは、事故を起こしたバスが「八王子」のバスだったことだ。八王子のバスがどうして青森を走っていたのでしょう?

ツアーは2泊3日で、多摩地区から乗客を乗せ、東北地方の初詣でに行く旅だった。多摩から東北までバスで往復する2泊3日のツアーとは驚くしかない。しかも、往復でトータル2000キロは走行するバスの乗務員は1名。交代要員を乗せていないのだ。ひとりで経験の浅い雪道を含め、3日間で2000キロを走らされる乗務員に、乗客は命を預けている。こんな無茶なツアーは、売ってはいけない。

私は若い頃、バス会社でスキーバスの乗務員補助のアルバイトをしていたことがある。バスのチェーンは非常に重く、タイヤに巻くとなると重労働で時間もかかる。夜間走行のスキーバスであれば、途中でチェーンを装着するゆとりもあるかもしれないが、「日程をこなせないとペナルティを課せられてしまう」忙しいツアーでは、乗務員がバスを止めて、チェーンを巻く決断をできなかった可能性がある。それくらい、市販されているツアーは忙しい。バス会社は無茶な日程を承知で引き受け、雪道でもめいっぱい走らないとならない状態にあるのだ。

なぜ、もっとゆったりしたツアーは存在しないのか？　簡単だ。すでに「はじめに」で書いたが、ゆったり利用客想いの団体ツアーは、まったく売れない。「この値段でこんなにたくさんの場所を観光してお得！」という無茶なツアーほど売れるからだ。まったく、「売らんかな主義」が悪いのか、買う側が悪いのか。

バスの乗務員さんと話をすると、彼らが体力的にも精神的にも限界にきていると感じる。

小泉首相時代の規制緩和で、バスは乗務員の1名運行が可能になった。この時点で、バス会社は大変なリスクを負うことになる。関越道の大惨事を契機に、規則が一部見直されたが、尊い命が奪われないと、関係者の重い腰が上がらないのが本当に歯がゆい。

まともな旅行会社を経営している人たちは、バス1台の手配にすら大変な気をつかう。なぜかと言えば、バス会社は皆同じではなく、安いバス会社にはそれなりの問題が潜んでいることが多いから。

バスは人間が運転している。人間は早朝から夜間まで長時間の運転が続けば、注意力は低下し眠くもなる。プロのバスドライバーだからといって、不眠不休で走れるわけではない。そんな当たり前のことが無視されて、旅行商品がつくられている現実がある。ツアーを選ぶ際には、「何となく、おかしい」という嗅覚を敏感に働かせてほしい。

私は、今の旅行業界が迷い込んでいる「安全が担保されていない旅行」はすでに「笑えない領域」に入っていると考えている。旅行手配というのは値段の問題ではなく、人の命の問題なのだ。お客様は私たち「企業」を信頼して任せてくれているのだから、その信頼を裏切ることがどういうことなのか、旅行会社の人間たちは心得なければならない。

現状では、バス会社の組合も機能せず、大手旅行会社が格安競争に明け暮れ、メディアも大広告主である旅行会社に気をつかって本当のことは伝えにくい。誰が悪いとかではなく、どれも仕方のないことだと思う。それぞれの担当者は、現状がベストだなんて思っていないだろうが、自分の生活を守るため、尖ったことを言ったりはしない。だからこそ、消費者が自分の嗅覚を鍛えてほしい。

何度も言うが、ものには相場というものがある。感覚的に「安すぎる」ものには何かがあると疑ってみる、人間として当たり前の嗅覚をどうか忘れないでほしい。

これは旅行の問題だけではない。「お客様を騙しちゃったもの勝ち」の社会になっているとしたら、「騙しちゃったもの勝ち」な会社の商品を買っている消費者にも責任がある。

食品偽装問題が世間を騒がせた「ミートホープ事件」から学ぶこともなく、各地のホテルや百貨店で食品偽装が発覚し、同じ過ちを延々と繰り返す国、日本。私たちは何を学ばないいから、同じことを繰り返してしまうのか。

自分を守るのは、自分です。

行ける人より行きたい人に

20代の頃、大手旅行代理店で海外ツアーのプランニングの仕事をしていた。ツアープランナーは花形の仕事。ハワイやヨーロッパ、オーストラリアなどを担当するエリートグループを横目に、私が受けた辞令は「中国、アジア、モンゴル、インド担当」。マジかよ。

当時は中国もモンゴルも、もちろんインドも行ったことなどなく、興味もなかった。正直、ガッカリだったが、そうは言ってもサラリーマンなので、やらねばならぬ。

辞令が出た一週間後には中国へ出張し、香港やインドへ飛び、それから私のアジア人生が始まった。わざわざ出張するのは、ボリューム（会社としての売上目標）が少ないものの、ニーズはあるのでツアー企画自体はつくらざるをえないからだ。

言い訳みたいになるが、企画担当者が現地をパーフェクトに下見するのは、事実上不可能。だからこそ、信頼できるパートナーが必要になる。ツアーで事故が起きると「担当者が下見をしていなかった」と騒がれることが多いが、下見をしていないのが悪いのではない。信頼できるパートナーを得ていないことが問題なのだ。

私にとって、モンゴルはアウェイ。そこでのツアーを現地手配会社の情報をもとに企画し、第一弾を送り出すことになった。私は現地を見ていないし、知らない。最初のツアーを誰に添乗してもらうかが、ツアーの成否を分けることになる。現地で想定外なことが起きる可能性もあるので、初心者や気の小さい添乗員には任せることができない。だから添乗員の中でもパイオニア精神旺盛な方を選ぶことになる。この時に、名乗り出てくださったのが「ジャッツ」の小松良一さん。小松さんは私の大先輩で、手配の小さなあいまいさも見逃さない超ベテラン。心から尊敬する方だ。

その小松さんがトップバッターとして、大切なお客様をお連れして出かけたモンゴルツアー。手配は信じられないほど、〝共産圏的〟なものだった。バスはほぼすべての窓ガラスが割れ、風通し良好。民間の飛行機は突然運休し、軍のヘリコプターで移動。今、考えると旅行業法違反もいいところだが、当時の共産圏のツアーではこんなことも起きてしまった。

小松さんは、お客様の安全に配慮しながら、旅行を大成功させて帰国した。普通だったら、企画担当者にいやみのひとつも言いたくなるだろう。しかし小松さんは怒るどころか、目を輝かせて2時間以上も帰国報告をしてくれた。その上、詳細な現地リポートを作成してくれた。当時はデジタルカメラなどなかったが、アナログ写真をたくさん撮影し、まだ珍しかったカラーコピーを使ってファイルを作り、企画担当の私にプレゼントしてくださったのだ。24年も前の出来事だが、私は今でもはっきりと覚えている。

小松さんとは今でも時々会って情報交換をしている。ヨーロッパをはじめとした海外にお強い小松さんと、国内の変わった場所に強いベルテンポが、お互いのもつノウハウを情報交換。それは利害関係や損得を超えた、旅の同志の〝ふたり会議〟

と言える。

小松さん曰く、

「行ける人より、行きたい人に来てほしい」
「年に一回しか旅ができない人に来てほしい」
「旅の最中より、行く前と行った後が大事」
「迎えてくれる人がいる旅こそ思い出に残る旅」
「レストランシェフには『あなたが美味しいと思う食事を出して』」
「泊まるだけで幸せになれるホテルを選択する」
「たとえ1日2食にしてもいいから、ランチのインパクトが大事」

そして、

「むしろ、旅に行けない（行かない）人のために、
僕らは旅行を業としてやっているはずだ」と。

小松さんが運営されている旅倶楽部で、会員さんから「旅行に行けなくてごめんね。子育てで、介護で」と連絡があるらしい。だからこそ小松さんは「旅に行かないときにこそ、旅行倶楽部の意義がある」「20年後、また旅に行ける時がくるまで会員でいてもらえる旅倶楽部でありたい」と目を輝かせながら語る。

レスポンス率を重視して、お客様から反応がなければDM発送をやめるような、結局、自社のことしか考えていない経営者と違い、小松さんは現場主義を徹底している。お客様の生活や人生にまで想いを寄せて、今日も旅の添乗をしている。こんな素敵な人と旅ができるお客様は幸せだと思う。

私もそうありたいと思うけれど、先輩の笑顔と熱いトークを聴きながら、「まだまだだなあ」と思うことばかり。経験と精進が足りぬ。

さあ、ロケハンに出かけよう。

人と出逢えた旅はいい旅

旅から帰られたお客様としばらく経ってから再会し、思い出話をすると、たいがいこんな話になる。

「あのお店の女将さん、笑顔が素敵でしたね」
「ＪＲ九州の車掌さん、優しかったですね」
「あの時のドライバーさん、お元気ですかね」
「訪問した小学校の子供たち、本当に可愛かったですね」
「タクシーの乗務員さん、こんな美味しいお肉は何年ぶりって言ってましたよ」
「今年、また韓国料理のお店のママに会いに行かなきゃね」

旅の思い出として残るのは、人と人との接点だ。人は人から受けたおもてなしや笑顔、温かい言葉などをいつまでも覚えているもの。だからこそ私は、地元の人と交わす何気ない会話や触れ合いを大切にしたいと考えている。

駆け足の旅では雑談をする余裕もないが、時間にゆとりがあれば会話は弾む。

お客様の中には高齢の方が大勢いる。大正生まれ、昭和ひと桁生まれでも元気にひとりで旅をする方も多くいて、驚くばかりだ。

ある時、昭和ひと桁生まれの女性のお客様がこう言った。

「私は文字通り、戦後の焼け野原から日本を復興させてきたのよ。本当に焼け野原で何もなかった。あの頃は姑に言われたものだわ。『頑張って働きなさい。60になれば時間ができるから』。実際60歳を過ぎたら、子供も手を離れて時間ができた。姑にはこうも言われた。『節約してしっかりお金を貯めなさい。60を過ぎたらお財布にも余裕ができるから』。確かに60歳を過ぎたら、旅行に行けるくらいの蓄えはできた。だからこうして旅行にも来られているのよ。でもね、私は今年で84歳だけど、この年になるまで生きて初めてわかったことがあるのよ。頑張って長生きすればするほど、なくなっていくものがあるのよ。なんだかわかる？」

私が「健康ですか？」と言うと、お客様はおっしゃる。

「そうねぇ。年々体も動かなくなってきたけど、今はまだこうやって旅行にも来られるわ。でも、この年になって初めてわかったこと。長生きすればするほど失うものがあるのよ。なんだかわかる？」

私は「……」。沈黙してしまった。

「長生きしてみて初めてわかったの。長生きすればするほど、友達がどんどん減っていくのよ。自分だけが長生きしてしまって、7人いた兄弟は全員先に逝ってしまった。学校の同級生も年々少なくなってきて、生きている人はほとんど施設に入っているか、病院で寝たきりなのよ」と、寂しそうに話していたのが印象的だった。


そんな方が、旅を通じて新しい友達をみつけ、旅行から戻っても手紙をやりとりしたり、次の旅行の約束をしたりしている。

その方のお嫁さんや娘さんから「母が『80を過ぎて新しいお友達ができた』と、とても喜んでいました」と、嬉しそうな声で連絡をもらったこともある。

つくづく、人と出逢えることは生きがいにつながるのだなあと感じてしまう。

添乗員さんは人間です

旅の仕事をしていると、出発前にお客様から必ずと言っていいほど、こう聞かれる。

「寒いですか？　暑いですか？」

「いくらくらい両替しておけばいいですか？」

このふたつの質問には正解がない。なぜなら、添乗員は天気を予言できないし、お客様の金遣いの多少を、家族でもないのに知りようがないからだ。

でも、ほぼ毎回聞かれるので、なんとか答えを準備することになる。

「晴れると暑いですが、雨が降ると寒いので、脱ぎ着できる羽織りものをお持ちください」

「旅行中、必要なお金は飲み物代くらいですが、お土産をどれくらい買われるかによって、つかう金額は変わります。クレジットカードをお持ちでしたら、ぜひ持ってきてください」

少しでも荷物を減らしたいお客様と、後で「添乗員さんが『暑い』って言うから、羽織るもの持ってこなかった」と言われたくない添乗員の間で、駆け引きが行われることになる。

両替も、実際に必要な金額より多く持参していただくと安全だが、それでも途中で足りなくなると悲惨なことになる。「おやつは300円まで」「到着日の気温27・5度、湿度62パーセント」などと断言（予言）できたら、どれだけ楽かわからない。現実は厳しい。

添乗員は予言者でもなければ神様でもないので、天気のこととお客様の財布のことはわからないのだ。許してほしい。

でも、私は少しでもお客様のお役に立てるよう、質問を受けるたび、突っ込んだことを聞いてみる。

「ビールはお好きですか？　ワインはお好きですか？」

「いえ、お酒は飲みません」という方と「大好きなんです、ワッハッハ！」と答える方とでは、現地での飲み物代はひと桁変わる。「飲む」と言ってくだされば、目安がわかる。


「お買い物はお好きですか？」という投げかけは、特に女性には意味がない。

「はい、大好きです。ブランドものを買いまくります」などと、正直に答える方は皆無。

「いえ、それほどでも……」などと、語尾がモゴモゴしていたら危険信号。この場合は「プラチナカードをご持参ください」とお答えするのが、正解だろう。

買い物に関しては、こううかがうことにしている。

「会社への義理土産はどのくらい買わざるをえないですか？」

「ご近所さんへは何軒くらい？」

「自分に買いたいお土産はありますか？」

具体的な質問を重ねると、お客様の買い物イメージが見えてくる。

「いくらくらい持って行けばいいですか？」の正確な回答は、何を買うかを紙に書き出さないことには、答えが出るはずもないのだ。買い物を「見える化」してさしあげるのが私たちの仕事だと言える。

ちなみに「暑い、寒い」に関しては、旅行中いちばん寒いのは飛行機の機内だ。アジアやハワイへの機中、それと現地のレストランもメチャ冷えだ。

「カーディガンは一枚必ずお持ちください、と言っておけば、後から恨まれることもない。

添乗員は何かと大変なのだ。

ひとつアドバイスをするならば、お土産については、到着日に〝義理系〟は終わらせましょう。次にご近所、続いて家族。ご自分へのお土産は時間をかけて選びましょう。

500円玉貯金

この仕事をしていると、私という人間の見識の狭さ、ものの見えなさ加減を痛感させられる場面がある。他人の人生への想像力など、ほぼないに等しいのだと思わずにはいられない。他人の気持ちを察するのは容易なことではないし、わかったような気になるのは本当に失礼としか言いようがない。

横浜に住む70代のご夫妻。障害者スポーツセンターのご縁で15年以上、旅をご一緒させていただいている。ご主人は交通事故で脳に大きなダメージを受けてしまい、高次脳機能障害という、とても難しい病気と闘うことになった。それも、闘っているのはご主人だけではない。寄り添い続ける奥様のほうが大変なように思える。

私たちは障害者というくくりでものを考えるとき、車椅子とか杖とか、または脳梗塞というように障害の種別や状況で理解をしようとするクセがある。つまり先入観だ。ところが実際に旅にご一緒していろいろな話をうかがっていると、コトはそんなに単純なものではないと思い知らされる。

高次脳機能障害などという、素人にはまったく理解ができない病気の家族を抱える苦労は、私の想像力をはるかに超えたものだった。この障害は、脳が何らかのダメージを受けたことにより、つい今、聞いたこと、見たことが、すぐに思い出せない状態になる。たとえば私の名前を聞いても、30分後にはまた聞き直す。一カ月前に出かけた旅行などは、行ったという事実を含めて、まったく思い出せない。一方で子供の頃の話や、趣味の車に関わるメーカーのエンブレム、長年勤務していた製缶メーカーでの専門的な知識は、いつ問いかけても正確に緻密に答えてくれるのである。

外見からはわからない障害であり、かつ、本人には自覚がないので、家族の苦労は察するに余りある。

奥様が「ちょっと今日はどうしても済ませなければいけない用事があるから、デイサービスに行ってもらえないかしら」と頼むと「あんなところはオレの行くところじゃない」と、男としてのプライドからガンとして受けつけないらしい。奥様は郵便局や市役所へ行くといった、ちょっとした用事すら済ませることが難しく、自分の趣味や休息の時間など皆無なわけだから、心身に負担を生じ、生活ストレスから心を病んでしまっても当然とも言える。

それでもご主人の性格を誰よりも知るこの奥様は、気丈に振る舞い、自分のメンタルをコントロールしながら、回復を願ってリハビリに付き添い、ほんのわずかな望みをつなぐことで日々、努力を続けていた。

そんな奥様から聞いた衝撃的な話が、交通事故の被害者としてのつらさであった。ご主人は定年になる半年ほど前、バイクでの通勤途上に飲酒運転で免許停止中のドライバーが運転する信号無視のダンプカーに突っ込まれて意識不明となった。ＩＣＵ（集中治療室）で意識が戻らない状態が長く続き、ようやく生命の危険を乗り越えたあと、家族を待っていたのは信じがたい裁判。加害者側の保険会社からの嫌がらせとしか思えない心理的な圧迫。あの著名な損害保険会社がそこまでするのか。プロの力で弱者をねじ伏せようとする姿勢に言葉を失ってしまった。

裁判を終わらせるまでに10年近い歳月を要し、心身共にボロボロになった奥様が見つけてくださったのが、私たちのバリアフリー旅行だった。ベルテンポという小さな会社の存在を知った奥様が、ふと気づいたのが「そういえば、私たちは定年旅行に行けていなかった」という忘れ物だった。

定年の半年前、山が大好きだったご夫婦は「定年を迎えて時間ができたら、山に行きたいですね。夢にみたスイスへ行きましょう」と話し合っていたらしい。

スイス旅行は同じような境遇にあるご夫婦4組とともに実現した。

旅行中に私が叶えたかった願いは、ほんの数時間でもいいから、奥様方をご主人から解放してさしあげ、自由に使える時間、自分の意志だけで行動できる時間をつくることだった。

願いは叶い、一日だけ奥様方に「好きにしていい」時間をつくり、ハイキングに出かけてもらった。ご主人方はのんびりと湖畔でお茶を飲んでいた。

旅が終わると、次の旅へと夢が膨らむのだが、大きな障壁が立ちはだかることになる。それは、旅費の捻出だ。

旅行会社を営む私が言うのもおかしいが、旅をするにはそれなりのお金が必要である。若い方には貧乏旅行、格安旅行をおすすめするが、歳を重ねてからの、ましてや体に障害を抱えての旅行には、安全や安心感という要素が必要であり、旅行費用は安くはならない。

私たちがいつも心を痛めているのが、この旅行費用の問題だ。お客様にとって最善を尽くし、安全や安心、快適という要素を丁寧に積み重ねていくと、どうしても旅行費用は団体ツアーよりも数段高いものになってしまう。たとえ行き先は同じでも、そこに至るプロセスや考え方はまったく異なる旅行サービスなので、単純に比較できるものではないのだが、費用の大きさがネックになり、旅を諦めている方がいるのも事実なのである。

次の旅の夢を語る奥様に「これからの生活や健康のこともあるし、旅行費用の捻出もなかなか楽ではないですよね」と話してみた。すると「高萩さん、大丈夫ですよ。私、500円玉貯金していますから。お買い物に行ったら500円、出かけて戻ってきたら500円。結構なペースでたまるのですよ」と。

そうなのだ。旅行費用は捻出するものではなく、創り出すもの。「行けない」と諦めるのは、心のどこかに「行けなくてもいいや」という諦めと、行けない自分を正当化する理由を抱えているだけかもしれない。

奥様の決断力、実行力を目の当たりにして、私のほうが励まされ、身を引き締めなければとの想いを強くする。

「明日の健康が保障されていない」のは誰にとっても平等なのに、今日の時点で健康な人は、明日も来年も健康であることが保障されていると信じて疑わない。そして物事を先送りにする。私も言えた義理ではなく、物事を先送りするクセは治らない。

体に障害があったり、進行性の病気を抱えていたりする方は、健康のありがたみを実感しているからこそ、「明日の健康が約束される保障などどこにもない」という事実を大切にする。そして、行くと決めた旅行には必ず行くのだ。そのための費用は捻出するのではなく創ってしまう。

私もこの奥様に触発されて、500円玉貯金箱を自宅と会社に置いた。小さなことだが、お客様と同じ気持ち、同じ目線になるとはこういうことだと思う。

私はお客様に本気で旅行に行きたいかどうかを問うとき、500円玉貯金箱をプレゼントすることにしている。受け取った方の反応でその想いの強さを確認することができるからだ。実際に貯金を始めるかどうかが大切なのではない。

私たちは小さな旅行会社なので、障害がある方や高齢の方など、旅の選択肢が限られている方に全力を注ぐためには、「本気の方」を優先したいのである。

「なんとなくかまってほしいだけ」の方からも多くの相談をいただくが、文面から旅行に本気で行こうとする意志は感じられない。誰かに自分の大変さを聞いてほしいだけの相談が多い。しかし、あいにく当社はカウンセリングを生業としているわけではない。「本気で旅行に行きたいけれど、その方法が見つからず困っている人」を事業の対象としているため、早い段階で「ところで本気ですか?」と確認することが大切だ。

これは商売上の問題というより、限られたリソースを「本気の人」に投入しなければ、本当に行きたい方に失礼だからという考え方からきている。

「ベルテンポさんは冷たい」とか「結局、金持ちだけを相手にしているのか」という残念な批判もあるが、それらの声にも私は５００円玉貯金箱でお答えしている。


私は金銭的な理由で旅を諦めているすべての方にこう呼びかけたい。

その願いが心の中でとても強いものであるなら、必ず実現させましょう。それも10年先などと悠長なことは言わずに、来月でも、来年でも。今、行ける環境にあるなら、できれば今年、旅をすることをおすすめします。来年のことは誰にもわからないから。もし、今行けない状況にあるなら、本当に絶体絶命の状況なら仕方ありませんが、夢にはしっかりと日付を入れておくことをおすすめします。貯金1万円の人がベンツは買えませんし、買うべきではありませんが、中古車だって立派な車です。旅だって、遠くへ行くだけが旅ではありません。世界一周はできなくても、1泊2日の小さな旅ならできそうではないですか。商品券の余りでも、使い損じのハガキでも何でも集めて、旅費の足しにするんだという強い意志を私たちは全力で応援したいと考えています。

あぐす君の花火

会社を設立した翌年の7月。友人を介して、あるお母さんから旅行の相談を受けた。

子供さんは先天性の重度障害で車椅子の生活。歩くこともできず、食事も口からとることは難しく、鼻からチューブで流動食を流し込む。そんな状況だけれど、どうしても外に連れていってあげたい。母子家庭で親子ふたり暮らしなので、自分たちふたりではどうすることもできない。もしも夢が叶うなら、生まれてから一度も体験したことのない、海水浴をさせてあげたいのだが、何とかならないだろうか。そんな相談だった。

「お願いです、何とかお願いします」と懇願するお母さん。

私は、ドクターの許可さえとれているなら問題ないと判断した。そして、「必要なのは人手だ」と、ベルテンポスタッフはもとより、スタッフの家族、知人、友人など、あちこちに声をかけ、ボランティアスタッフとしてではなく、参加者としてバスに乗ってもらった。

久しぶりの外出。それもワイワイと賑やかなバス旅行。遠足にしても修学旅行にしても、バス旅行はどうしてこんなに楽しいのだろう。

体力的に遠くへは行けないので、千葉の海水浴場を目的地にした。車椅子と砂浜は相性が悪いが、人手があればたいていのことは何とかなる。腕力に自信のある男性が、あぐす君を抱えて海に入る。泳ぐのは無理でも、海に放り込まれ、水をかけられ、誰もが同じように楽しむ時間。

大人とか子供とか、障害があるとかないとか関係のない時間・空間。ボランティアをするとかされるではない、全員が同じ立ち位置での小さな旅。

失礼を承知で言うならば、見るからに障害が重そうな彼と海水浴を楽しんでいる光景を医療関係者が見たら驚いたと思う。

専門家の方に誤解を与えてはいけないので、言い訳めいたことを書き添えるが、ベルテンポでは、無茶なこと、無謀なことはしない。気持ちだけでは旅は実現しないからだ。

この海水浴も、想定されるリスクを含め、主治医と打ち合わせをしたが、主治医は「やりたいことは何でもやらせてあげてください」と前向きなスタンスであった。これは医療関係者のホンネだと思う。命や安全にかかわるリスクが高い場合は、周到な準備が必要だし、その労を厭わないことがベルテンポの考え方の軸だ。ただ、多くの場合、「障害者が旅行をする＝危険」という思い込みが無知からくるもので、これは本当に残念なことだと思う。

私たちが企画した日帰りバス旅行は、ほんの小さな旅にすぎないが、あぐす君は心の底から楽しんでくれたと思うし、お母さんも、それはそれは嬉しそうだった。

自己満足だと言われるかもしれないが、小さな夢をひとつ叶えるお手伝いができるのは旅行業者冥利に尽きると言える。少しでも元気に、そして前向きになってもらえるなら、会社を運営していて、こんな嬉しいことはない。

帰路、たまたま開催していた花火大会の会場近くをバスが通り、車窓から打ち上げ花火がキレイに見えた。

「うわー、キレイ」

「ラッキー」

ほんの数分だったが、車内は歓声に包まれた。

翌日、お母さんから電話があり、海水浴バスツアーを企画してくれたことへのお礼を伝えられた。本人はもとより、お母さんも本当に嬉しかったようで、声がとても弾んでいた。そして、こんなことを言った。

「高萩さん、昨日、花火がきれいだったよ。あぐすに花火を見せてあげたい。今度は花火鑑賞ツアーを企画してもらえないかな。あぐす、花火を見たいと言っているから」

私は「花火ですか、いいですねー。ぜひやりましょう。スケジュールを調べておきます。花火、ぜひ見に行きましょうね。楽しみにしています」と答えた。

この年の夏、私のスケジュールはかなり埋まっており、手帳を見ながら「来年、絶対に実現させよう」そう考えた。心に「来年の夏の花火」をしっかり刻んで、多忙な時期を乗り越えた。

秋も深まった頃、事務所に一枚のハガキが届いた。あぐす君のお母さんからだった。私は嫌な予感がして、その場で裏返すと、そこにはこう書かれていた。

あぐすが亡くなりました。

15年の短い人生でしたが、精一杯生きました。

海水浴に行けて良かったです。

ありがとうございました。

私は全身の力が抜けて、その場に座り込んでしまった。なぜ花火を来年にまわしてしまったのか。どうして今年やらなかったのか。

自問するまでもなく、答えなど出ている。私はすごく忙しかった。新たな企画をもう一本差し込む日程的な余裕はなかった。でも、それ以前に「来年でいいや」と、お母さんから相談を受けた瞬間、来年に回すことを自分の中では当然のように決めつけていた。

もう8月も終わりだし、お母さんもまさか来週、再来週の話じゃないだろうから、しっかりと準備して、来年の夏に実施すればいい。この判断に間違いはないだろう。ただ、私はひとつ見落としていた。あぐす君にも来年の夏がやってくるのは当たり前だと信じて疑わなかった。

あぐす君は病と闘っていたけれど、元気だったし海にも入れた。15歳のあぐす君が急に体調を悪くするなんて、考えてもみなかった。

来年の夏が当然やってくると信じて疑わなかった。こんな大事なことに気づけない自分に、障害者の旅行を手がける資格などあるのか。すべての旅行は「連れていってあげている」「良いことをしている」といった自己満足がベースになっているんじゃないのか。

自分を責めた。仕事など手につかなかった。

「自己満足でやっているなら、やめてしまえ」

自分で自分をぶん殴りたい気持ちが抑えられなかった。

私はあぐす君に花火を見せてあげられなかった悔しさや申し訳なさを、おそらく一生引きずって、この仕事を続けていくだろう。

明日の健康が約束されている人など、どこにもいない。体に障害がある人や高齢の方だけではなく、私だって同じことだ。

あぐす君に罪滅ぼしができるとするなら、私がこの仕事をする上で、いちばん大切にしなければいけないことを忘れずに、それをお客様にもしっかりと伝えていくことだと思う。

「お客様、行きたいと思った時が行き時です。私が背中を押しますから、ぜひ旅を実現させましょう」
「お客様、今日がいちばん若い日です。来年はまたひとつ歳をとりますよ」
「お客様、お金が心配ですか。500円玉貯金箱をプレゼントしますよ。行くと決断すれば、お金は何とかなります」

かなり強引なセールスに聞こえるかもしれない。でも私はセールスは苦手だし、無理やり売り込むのは嫌いだ。行っても行かなくてもいい旅行に、無理をして行く必要はもちろんない。別に行かなくても、失うものはない。

しかし、「この人は旅に行きたいと心の中では思っている。でも、どうしてもあと一歩が踏み出せない」という人を見かけたら、おせっかいだとは思うが「旅が人生を変えることだってありますよ。本当に自信がつきますよ。元気が出ますよ」と伝えてあげたい。来年の健康など誰にも保証されてはいないのだから。

あぐす君に花火を見せてあげられなかった代わりに、ひとりでも多くの方に「見られると思ってなかった」景色を見せてさしあげたい。

「来年」などと言わずに、今年、今月、今週、旅をして元気になってほしい。やりたいと思ったことは、今、やったほうがいい。明日になったら、気が変わるかもしれないし、環境が変わるかもしれない。

私がベルテンポという小さな会社を、スタッフと共にこれからも続けて行かねばならないと決心しているのは、あぐす君との果たせなかった約束を無駄にせず、ひとりでも多くの人を旅に送り出したいからだ。

あぐす君との出逢いが、私の旅の原動力であり、これから先の羅針盤でもある。

吉羽さんの思い出

「吉羽さんが今朝、亡くなりました」

平成18年6月9日、ベルテンポの創立記念日翌日の午前中。あるNPOの若いスタッフから電話があった。あっけにとられたが、仕事もそこそこにスタッフとふたりで自宅にかけつけた。棺の中の吉羽さんは、やすらかという言葉そのものの寝顔で静かに休んでいた。

お風呂で倒れているのを朝、訪問してきたスタッフが見つけたらしい。リビングのテーブルには、開いたままの旅行のガイドブックとともに、私たちが提案した日程表やパンフレットが置かれたままになっていた。

そのスタッフは「夜、旅行のことを考えていて、ちょっとお風呂にと思ったのでしょうね。私たちは、ひとり暮らしはリスクがあるので、介護者を24時間つけるように何度も助言していたのです。でも、吉羽さんは『オレ達障害者だってひとりになりたい時間があるんだ』と、夜は介護者をつけずに暮らしていたんですよ」と話してくれた。

吉羽康一さん。享年64歳。難病であるパーキンソン病と50年間付き合いながら、障害者の自立支援に全力を捧げた男性。

平成10年に、私が当時勤務していた会社に旅行の相談に来たのが縁で、グアム旅行に同行させていただいた。この時は7名の重度障害者と介助者15名の旅。ベルテンポ設立の原点とも言える旅行になった。


右も左もわからない私に、吉羽さんはバリアフリー旅行の手配について細かく指示を出すことはしなかった。

「高萩さん、障害者の自立ってどういうことだと思う？」

「障害者の自己責任について、どう考える？」

「障害者が日本でひとりの人間として自己決定するために必要なことは何だと思う？」


それまで、障害者の旅行手配と言えば、バリアフリールーム、トイレ、手すりなどについて細かく確認してくるお客様が多かった。吉羽さんは「人間が人間らしく生きるとはどういうこと？」というような、本質的な質問をどんどん投げ込んできた。

私は目をぐるぐる回しながらも必死で答えた。それが面白かったのだろう。吉羽さんは平日はほぼ毎日、うちの会社に顔を出すようになった。

普通だったら「勘弁してくれよ、仕事にならない」と思ってしまうところだが、その人柄や一途な思いは、まったく嫌みを感じさせず、時々顔を見せないことがあると逆に心配になってしまうほどだった。


「日本の社会が障害者にとって住みにくいなら、それは障害者が声を上げないからだ。悪いのは諦めてしまっている障害者の側なんだ」というのが吉羽さんの持論であった。私たち旅行会社の側を責めるのではなく、「旅行に行きたい」と声を上げない障害者を叱咤激励して、とにかく旅に連れ出そうと力を尽くした。

吉羽さんが連れ出してくる障害者は、「家から10年一歩も外に出ていない」とか「親の理解がなく、旅行どころじゃない」など、体に障害があることで人生を諦めてしまっているような人たちだった。

「オレが手本になるんだ。こうやって海外にだって行けると体で示すんだ」と、吉羽さんは進行する病気をものともせず、グアムへの旅を考えていた。私は企画の提案を受け、実現に向けて一緒に取り組むことになった。

今でこそ、障害がある方の海外旅行を引き受ける会社が増えてきた感があるが、当時は重度障害者の旅行を快く引き受ける旅行会社など皆無に等しかった。なんといっても大型の電動車椅子を使う参加者が大勢いて、それぞれの方にボランティアが複数つく全介助体制。航空会社も恐れをなして、打ち合わせは困難を極める。ホテルの受け入れ体制も、順調と言える状況ではなかった。

旅行の前段階での打ち合わせ項目はゆうに100を超え、それを整理整頓して現地に伝えていく作業は、確かに一般の大手旅行代理店が得意とすることではない。効率と高い生産性が求められる組織では、面倒で利幅が薄いと判断される案件に取り組もうとはしない。残念ながら、組織とはそういうものである。

私たちのグアムの旅では、リフト付きの大型バスで成田空港へ向かい、電動車椅子でのチェックイン。首から下がまったく動かない人の航空機への搭乗。無事に離陸し緊張がとけた機内での乾杯。そして、現地での歓迎。

深夜の入国審査で係官が重度障害の参加者ひとりひとりにかけた言葉は「グアムは初めてか？　そうか、レッツ・エンジョイ！」だった。日本出発前の、まるで腫れ物に触るかのような神経質な対応とは正反対の開放感に触れた瞬間、参加者の心に南国のスイッチが入ったようだった。

グアムは障害がある人に優しく親切だった。いや、この表現は正確ではない。グアムは障害がある人にもない人にも等しく親切で優しいのだ。障害者だから特別扱いされているのではない。

この当たり前の感覚がどうして日本にないのかは、今もってわからない。海外に出ると、普通にしてもらえることのありがたみを肌で感じる。

旅行中、参加者のひとりが口にした言葉が忘れられない。

「ボク、人生で初めて『自分が車椅子を使っていること』を忘れた瞬間が何度もありました。レストランにもお土産屋にも普通に入店できて、特別扱いもされない。ホテルのスタッフも普通に笑顔で声をかけてくれるし、ビーチにも行ける。トロリーに乗ろうと思えば、当たり前のようにリフトが出てきて、他の人と一緒に乗れる。日本にいると、毎日ができないこと、諦めることの連続で、入店を断られたり、そもそも店が狭くて入れなかったり。目の前にバリアがあって、それを乗り越えられない度に、『ああ、自分は障害者なんだ』と否が応でも感じる毎日なんです。グアムは自分が障害者であることをうっかり忘れてしまうくらいに、自分というひとりの人間を当たり前に受け入れてくれる。勇気をふり絞って、グアムに来て良かったです」

私はこれを聞いて「旅のチカラはすごい」と感じた。

日本がグアムのようにならない理由はいろいろとある。それを嘆いていてもしょうがない。大事なのは自分が主体的にどう生きるかということ。人のせいにしていても、社会を恨んでも、状況が変わるわけではない。それよりも自らが殻を破って一歩外に向かい、見えてくる新しい世界に踏み出すほうが、どれだけ有意義な毎日を送れるか。

まさに吉羽さんが言う「自立」とはこのことだと、グアムの青い空とどこまでも広がる海をながめながら、「この仕事を生涯続けていく役割が自分にはある」と確信をもった。

強い信念で想いを実現した吉羽さんはというと、グアムでの行動は破天荒としか言いようのない弾け方だった。

到着後、まず駆け込んだのは射撃。事故などのリスクがあるため、旅行会社ではあまりおすすめしないのだが、吉羽さんは「自己責任」と、仲間を引き連れて射撃へ向かった。しかし、進行性の病気であるため握力が弱く、重いピストルを握る手が不安定極まりない。ピストルを手にふらつく吉羽さんに撃たれるのを恐れて、介助ボランティアも私も慌てて逃げまわったものだ。

次にチャレンジしたのは海。「重度障害の参加者を含め全員で泳ぐ」と言って聞かない。当時、ランディーズというゴムタイヤが付いた車椅子が開発されたばかりだった。これを日本から持参して、旅行ビギナーの障害者を次から次へと海へ放り込んでいった。

バリアフリーや障害者を語るだけの評論家が多い中で、吉羽さんは「理屈ではなく行動で示すことこそが、社会を変える」という信念で生涯を貫いた人だった。

創業してきわめて早い段階で吉羽さんと出逢うことができたベルテンポには、この吉羽さんの「理屈ではなく行動にこそ意味がある」というDNAが埋め込まれている。

だからこそ、吉羽さんが言うところの「自立」「自己決定」「自己責任」を尊重し、障害がある人の立場から見た「本人の強い意志と責任を伴うことで成立するごく当たり前の権利」をお客様から奪わないように注意することを、サービスの大前提として盛り込むことができている。


私たちはともすると障害がある人に対して過剰に反応して、やらなくて良いことまでやりすぎてしまいがちだ。よかれと思って善意でやることが、相手には「大きなお世話」になってしまうことだってある。

「夜くらいはひとりになりたい」と、あの社交的な吉羽さんですら思うのは意外だった。亡くなられたのは本当に無念だが、「障害者＝危ないから見守りが必要」のようなステレオタイプの発想で、提供するサービスを決めつけるのは良くないことだと、吉羽さんの死をもってあらためて考えさせられた。

私たちが旅行を実施する上での、サービスの根幹にはこんな考え方がある。
「介助・介護が必要かどうかは本人が決める」
「自己責任のもと、やりたいと思うことを思う存分してもらう」
「必要な配慮と、本人の単なる甘えやわがままは別物である。甘えは結局のところ、誰も幸せにしない」　吉羽さんからこういった考え方を創立時に教えてもらえたことは、私たちには何にも代え難い宝物だと言える。

ベルテンポで旅をするお客様には、障害がある方や高齢の方も多くいるが、私たちは過剰なサービスを行わない。「究極のサービス」とか「いたれりつくせりの旅行会社」などともてはやされてしまうこともあるが、実態は逆である。

お客様からのアンケートでは「ほったらかしにしてくれるので、とてもくつろげた」という声が多い。「サポートの必要がない場面では、本当に何もしないのでびっくりした。本当に何もしないんですね」と笑われたこともある。

そう、私は何もしないのである。なぜなら、自分が逆の立場だったら、ほったらかしにしてほしいと思うから。

誰からも愛され、人徳を感じさせた吉羽さん。その気さくで温かい人柄と何にも屈しない強靭な精神力は、私が一生をかけて吸収していきたい学びである。

第一章　いい旅の話

第二章　いい街の話

自分の街は自分たちで元気にする。
そんな覚悟に、旅人は吸い寄せられるのだ。

覚悟のある地域愛

私のところには、全国の自治体担当者から、メールや電話でさまざまな相談が舞い込む。

観光活性化、地域振興、雇用創造。日本中の多くの自治体で同じ悩みを抱え、試行錯誤を繰り返し、地域活性化を目指しているようだ。

よく聞く悩みはこのふたつ。

「もっと大勢の観光客に来てほしい」

「地域の賑わいを取り戻し、活性化したい」

そして、こう続く。

「この地域は本当にいい所なのです」

「美味しい食べ物や素晴らしい景色もたくさんあります」

「ぜひ、うちの地域にお客さんを連れて来てください」
「もっと長い時間滞在してもらえる方法はありませんか？」
「たくさんお金を落としてほしいのです」

なんとかしたい気持ちはわからないでもないが、今のままでは越えられない壁を感じる。それは、「ものごとには順序がある」ことと、多くの自治体がその「順序を間違っている」こと。

私のところへの問い合わせに至るロジックは極めて明快だ。

(1)　地域に元気がないから活性化したい。
(2)　そのためには、外から人を呼び込まねば。
(3)　そのためには、人口の多いところから来てもらわねば。
(4)　そのためには、誰かを頼らねば。
(5)　話を聴いてくれそうな旅行会社に相談。

このプロセスのどこが決定的に間違っているか、わかるだろうか。

私は問い合わせてきた人に本質的な質問をすることにしている。嫌な気持ちにさせてしまうが、本気なら越えなければいけない壁だからだ。

私がする質問と、ほとんどの方からの答えを紹介してみよう。

A．そもそも、あなたたちはこの地域が好きですか？
——好きです、故郷を愛しています。
B．それは本当？
——本当です、私たちはこの街が大好きです。
C．なぜ活気がないのですか？
——若い人が外に出て高齢者ばかりだからです。
D．若い人はこの街が嫌いなのですか？
——仕事がないので外に出ざるをえないのです。

E．大勢いるはずの高齢者はどこへ行っちゃったのですか？
——駅前の商店街が衰退し、車に乗れない高齢者は買い物にすら行けないのです。

日本全国どこの街の人とも、こんな感じで質疑応答が続く。
私は地域の元気を取り戻すために必要なもの、その出発点は「覚悟のある地域愛」だと考えている。失礼を承知で言うと、誰もが地域を愛しているのだけれど、そこに覚悟を感じないのだ。

私は旅行会社の社長として一年の大半を旅先で過ごしている。現場で私が目指すことは、ご一緒していただいたお客様に「その土地を好きになってもらう」ことだけ、と言ってもオーバーではない。
その土地のファンになってもらえば、「違う季節にまた来たい」と考えてもらえる可能性が高い。「またあの人に会いに行こう」となることも実際に多いのだ。年に何回も訪問はできなくても、通信販売やお取り寄せで、その土地の特産品を長い間、買い続けてくださるお客様も大勢いる。

では、土地の魅力とは何か？

一言で言えば、そこに住み、暮らす人の「生きる力」だと言えるのではないだろうか。カリスマである必要などない。ごく普通の市民が、我が土地を誇り、愛し、目を輝かせてその素晴らしさを語る。そこにある良い「気」やエネルギーに旅人は惹かれ、吸い寄せられるのだ。


私が今でも思い出す、惹かれる人を思いつくまま列挙してみる。
・石見銀山の輪タクのお兄さん
・長崎「さるく」のボランティアガイドさん
・軽トラマルシェの若い農家の人たち
・津軽鉄道で乗り合わせたおばあちゃん
・利尻で私に無理矢理ウニを食べさせた料理旅館の主人
・鳥取県智頭《ちづ》町の元ホストの観光課スタッフ
・自宅の庭になっていたリンゴをむいてくれた

青森の観光タクシードライバーさん
・小値賀島の旅館のおかみさん

とても書ききれない。


誰もが旅人を引き寄せるプラスのエネルギーをもっている。

旅には何千、何万という出逢いがある。偶然出逢えた素敵な人に、旅人はその土地の魅力を重ね合わせるものではないだろうか。

「旅＝人との出逢い」とも言えるだろう。


私が子供のころ、大分県の平松知事は「地域起こしは人づくり」と、一村一品運動を提唱した。「モノづくりではなく、人づくり」を一貫して唱えていたと記憶している。

私はもともと九州・大分の田舎者なので（大分にも田舎じゃないところはあるけれど）、自戒を込めて考えてみたい。

私たちの地域に住む人間は、本当に「わが町・わが村が好きか」好きになれないとしたら、何が原因か。

お年寄りはなぜ家から外へ出てこないのか。

街が楽しければ、自宅から外へ出てくるのではないか。


お年寄りは交通手段がないから外に出ないのではなく、外に出ても何もないから、自宅にいるのではないか。私にはそう思えて仕方がないのだ。

孫の踊りの発表会だ、成人式だ、村の祭りだ、芸能人が来るらしい。そんなネタがあれば、絶縁している息子に頼んででも、這ってでも、家から出てくるのではないか。


活性化は、よそからの観光客頼みでは成り立たない。活気は地元の人たちでつくらねばならないのは、自明の理だと思う。

観光地の半径1キロ、2キロ圏内に住む人が、まずは集い・賑わいの原点になるべきであって、閑古鳥が鳴いているようなところに、観光客が魅力を感じることはありえない。そんな当たり前の事実に目を向けずに、外国人団体の誘客などを唱えても、10年、20年先にも通用する解決策にはほど遠いはずだ。

既存の価値観や利権に縛られた発想では、新しいビジョンは描けない。地域活性化を本気で願うなら、私は中学生・高校生・大学生といった、20年先の主役にビジョンを描いてもらうことをすすめたい。

なぜなら、瞳が輝いている若者には行動力が伴うから。

竹富島　この島は何かが違う

沖縄本島から南へ400キロ。石垣島からさらにフェリーで15分。竹富島は人口350人の小さな島だ。有名な観光地なので、知っている人、行ったことのある人も多いだろう。

小中学校が一校で生徒数は40人弱。島の人が「泥棒もお巡りさんもいない島」と真顔で話すのがおかしい。町並み保存地区に指定された赤瓦の民家のたたずまいは、どこにカメラを向けても絵になる。

年間の来島者数は34万人。2時間もあれば十分観光できる小さな島なため、99パーセントの来島客は日帰りで訪れる。しかし、ぜひこの島は日帰りではなく泊まりで訪れてほしい。

私が初めて竹富に泊まったのは、ある夏だった。さがり花を観に行くため、西表島で1泊、石垣島で1泊、そして、竹富島で1泊した。ベルテンポの旅は連泊が基本だが、この時はスケジュールをゆったりととっていたので、趣の違う宿泊施設を泊まり比べることができた。

竹富島では「ヴィラたけとみ」にお世話になった。10室足らずの独立した赤瓦の民家風の宿泊施設。部屋は決して広くはなく、豪華さもない。布団も自分で敷く質素な民宿スタイル。ところがこの宿がたまらなく心地良かったのだ。

赤瓦に乗ったシーサー
敷地の中を抜けて行く風
木造住宅ならではの質感
鍵をかけない部屋
ゆったりとした時間・空間
リラックスしたスタッフ
優しい食事
よく冷えたオリオンビール
お客様が口々に言われた「清潔感」（クモとヤモリはやって来たが）

ひとりのお客様が「私、早朝に島を回りたいから、自転車を借りますね」とヴィラの隣にある貸し自転車屋さんで1台をレンタルした。

私は夜、早くに寝てしまい、夜空も見上げなければ日の出も見逃したが、自転車で早朝サイクリングをしたお客様が、朝食の時にこうおっしゃった。

「今朝、6時過ぎに島の集落を自転車で走っていたら、白砂の道をホウキで掃いている方がいたのね。私、さすがにそこを自転車で通る勇気がなくて、回り道してきたわ」

竹富島で評判がいい景観のひとつは、白い砂の道。町民の方が海岸から運んでこられて、生活道路に撒いていると話に聞いた。自転車ではちょっと走りにくいが、歩くと砂の触感がなんとも足に優しい。

昼間、観光をしている時は特に意識していなかったけれど、確かに朝はどの道路もまるで龍安寺の石庭のような表情をしている。観光客が歩き、自転車が通り、水牛だって通過する。その道を、誰もいない早朝に住民は清める。掃除しているのではなく、ホウキの筋をつけて、清めている。

島を愛しているから?
観光客にもっと来てほしいから?
誰かに言われたから?
当番が決まっているから?

どれも正しくないような気がする。なぜなら、島の人の掃除はボランティアという雰囲気ではないと感じられたから。島の御獄に住む神様の通り道を清めているのか、先祖から代々伝わる島を自分たちが守っているのか。本当のところはわからないけれど、私はそこに、ある種の神々しさを感じる。

観光振興やまちおこしが各地で叫ばれるが、それらは決してテクニック論ではうまくいかないと、この島は教えてくれる。

観光振興を考える人たちは、竹富島で一週間くらい生活してみるといい。この島の生活感や空気を肌で受け取ることで、大切な何かが見えてくる。

私は、日本の多くの観光地が観光振興をなしえないのは、「不便さを引き受ける覚悟」のようなものが決定的に不足しているからだと思っている。私も田舎者なので、田舎の人も便利な生活をする権利があるのは承知の上だが、そう思うのだ。

たとえばスイスのツェルマットでは、道路沿いのベランダに飾る花の種類が指定されていると聞く。さぞストレスがたまるだろうなあと思いきや、現地で聞いてみると、地域の住民は「統一された景観を創るひとりであることに誇りをもっている」と言う。

竹富の住民は竹富島の住人であることに、強い誇りをもっているのだろう。だから朝、ホウキを手に黙々と自分たちの島を清めるのだ。そこに邪心はない。

覚悟と誇り。

３５０人の島だからできると言えばそれまで。

３７００人のツェルマットだからできると言うならその通り。

では、何人からできなくなるのか。

日本では利害得失を一生懸命調整しようとしてしまう。どこかの政党の「党内融和」と一緒で、融和が目的になっている。でも、融和なんか、してもしなくてもいい。

大切なのは、住民全員が望む地域の未来。その未来の姿がバラバラなら、どれだけ話し合っても無駄でしょう。50年後、１００年後、自分たちがこの世からいなくなった後、この街がどうなっていてほしいのか。そこから逆算すれば、望む未来が決裂したりはしない。

いい街、いい国を創って、できる限り早く、若い人にバトンを渡しましょう。

奈良・吉野の温かさ

ある暑い夏の日、奈良・吉野へ足を伸ばした。お客様から奈良への旅を依頼され、日程に吉野を入れてみたいと考えて、まずは街の空気を吸ってみることにしたのだった。

山深い場所で階段や坂が多く、足が悪い方はお寺などを訪れるのは難しいか、とも思っていたが、実際に足を運んでみると、魅力的な吉野を体全体で感じることができた。奈良市内からはちょっと距離があるものの、吉野に流れる空気、匂い、風、緑、そして歴史が人を誘う。

実際にそこへ行かないとわからないことにたくさん気づくのがロケハンの醍醐味。吉野へ自分の体を預けてみて、しみじみと感じられたのは「人の優しさ」だった。

時として、疲弊した観光地では、やさぐれた感じの接客を受けることもあるのだが、ここ吉野は触れ合った方が皆さん、優しい。

駅に着いて降り立って最初に向かったのは、昭和3年に開通した日本最古のケーブルカー。〝レトロ〟を通り越している。

スタッフは「ようこそ、おいでくださいました」と迎えてくれて、ケーブルカーが出発すると、深くお辞儀をしてずっとお見送り。その姿に〝やらされ感〟がまったくないのだ。

降りるとそこのスタッフが近寄ってきて「どちらまで行かれますか？」と声をかけてくれた。「何も決めてないんです」と答える私は、明らかに観光客ではない。こんな不審な男性ひとり客にも、にこやかに話しかけてくれたそのスタッフのすすめで、まずは金峯山寺へ行ってみた。

門からして「世界遺産」の風格。階段がすごい。建物は圧巻。仏教の、そして日本の誇りだと感じた。拝観をお願いすると、寺の住職が「ごゆっくりどうぞ」と、権威あるお寺とは思えない気さくさで対応してくれた。

ちなみに、金峯山寺にはかなり長い階段があるが、車椅子を利用している場合、事前に連絡をすると境内まで車両乗り入れが可能とのこと。本堂にも階段があるけれど、近くまでなら車で行くことができる。

昼食はうどんにしてみた。家族経営の食堂。温かいお店だった。おかみさんは、観光客だからと軽くあしらうことはなく、近所のおばさんが話しかけてくれるような口ぶりで接客してくれた。

散策の途中、小さな郵便局の前に立ち、ガラス越しに記念切手を見ていたら、中から人が出て来て、「暑いですからぜひ中にお入りください」と。これにはびっくりした。

なんだか悪い気がして、記念切手をたくさん買ったら、うちわやたくさんのウェットティッシュをもらってしまった。

吉野は桜が有名だが、それだけが魅力ではない。住んでいる人、働いている人が温かい。こんな土地なら、きっと私たちのお客様にも「心」が通い合うだろう。そう確信したロケハンだった。

本番の秋の吉野旅行は、大成功だった。

日本でいちばん好きな美術館

私は講師として全国の自治体や企業などからお招きいただくことも多く、北へ南へとさまざまな土地へ足を運ぶご縁に恵まれている。

前後のスケジュールの都合もあるが、講演で呼ばれた際は、可能な限り早めにその土地に入る。そして、1時間でも2時間でもいいので、街を歩き、空気を吸い、その街の人と話しをしてから講演にのぞむようにしている。

ある年、青森県の十和田市よりお招きをいただき、研修の講師を引き受けることになった。三沢駅まで迎えに来てくださった若い担当の方が「少しお時間があるので、どこかご案内したいのですが、行ってみたい場所はありますか？」と聞いてくださった。

私はいつも決まった答えを返す。

「あなたの大切な友達が遠くからやってきたら、まず、いちばん先に案内したいと思うところに連れて行ってください」

担当の方は迷わず「わかりました。では、ぜひ美術館を観てください」と十和田市現代美術館へ車を走らせた。

通常は著名な観光地へ案内されることが多いので、「美術館」という答えが新鮮で面白いと思った。

私はその美術館について事前の知識はなかった。足を運んでみると、決して大きくはないが、この美術館は地域の誇りでもあるのだと、すぐにわかった。

受付の方に「ようこそおいでくださいました」と声をかけていただいて中に入った。その時の衝撃は、ちょっと大げさだが、おそらく一生忘れない。近代芸術というものを、これほどわかりやすく、しかし挑戦的に展示している素敵な美術館が他にあるだろうか。おそらく日本には、美術館そのものに知名度があるところや有名な作家の展示品があるところは数多く存在するだろう。それらとはまったく違う美術館が、交通の便が良いとは言えない青森県十和田市にあることが驚きだった。

平日にもかかわらず、館内にはけっこう人がいる。聞いてみると、東京など遠方からもかなりの人が来ているとのこと。

私はこの美術館に惚れて、その後、お客様をお連れして何度も足を運んでいる。2回目からは、まるで自分が美術館のプロデューサーであるかのように「どうですか？　スゴイでしょう」と自慢している。

この美術館が私の心にすっと入って来る理由は、美術館自体が街全体にとけ込んでいること。そして何より、「市民みんながこの美術館が大好きで仕方がない」、そんな空気が流れていることにある。十和田市内で美術館の話をすると、誰もが我が子を褒めてもらったかのように嬉しそうに顔をほころばせる。

こういった箱モノは「税金の無駄遣い」と言われたり（実際、そうとしか言えない箱がたくさんある）、市民はシラケていたりすることが多い。しかし、十和田では若手プロデューサーの奇抜なコーディネートが功を奏しているようだ。当初は反対も多かったと聞く。それでも市民が愛する美術館になったのは、企画立案にかかわった市役所の方が市民への理解を深めるべく懸命に努力された結果であろう。

今では、この美術館に足を運ぶためだけに十和田市を訪れる人も多いそうだ。桜の時期は素晴らしい町並みと美術館が迎えてくれる。ぜひ、奥入瀬や十和田湖、八甲田などの観光地巡りの途中、十和田市現代美術館にも足を運んでみてほしい。

大人から子供まで、市民が愛する美術館を街のシンボルにして、少し大袈裟に言えば、十和田市にはミニ・バルセロナのような、世界から芸術が好きな人を集める街になってほしい。

ゆるキャラもいいのだけど、美や食や何か光るものをひとつ磨き上げて、日本を地方から元気にしていく。それが真の観光立国のありようだと信じている。

「観光」とは「光を観る」こと

ペット対応の宿、外国人へのおもてなし、バリアフリー対応など、これらマイノリティーへの取り組みは、観光という大きなテーマから見れば、小さな手段に過ぎない。日本人は小さな手段にこだわりすぎて、大局を見失ってしまうことが多いのではないだろうか。

「おまえの会社だってバリアフリーに特化しているではないか」とお叱りを受けそうだが、バリアフリーは旅の目的でもなんでもない。機内食で言えば「肉が食べられないから、ベジタリアン・メニューにしてくれ」という程度のものだ。

ペット対応の宿が悪いと言うのではない。ペットがいるために旅行ができない人たちにとっては、救世主のような宿泊施設だと思う。でも、ヨーロッパではペット同伴の旅行など当たり前。それが旅の阻害要因になることなど考えられない。

つまり、ペットの問題にしても車椅子の問題にしても、旅ができない原因を「点」で解決しようとしているにすぎない。これでは根本的な問題解決にはほど遠いし、「行けて良かった」がゴールになってしまうのは、本当に悲しいことだ。

行けるのは当たり前で、その先に「なぜ旅をするのか」の本質をきちんと見てほしい。

外国人受け入れも然り。外国人はエイリアンではない。（日本ではエイリアン扱いかもしれないが）。たとえばスペインにドノスティア＝サン・セバスチャンという、小さな街があるが、外国人観光客受け入れのために、彼らは英語や日本語を学習するだろうか。「ハロー」や「オハヨウゴザイマス」がサン・セバスチャンのおもてなしだろうか。

そこは世界中から美食家を集めるグルメの街として、一年中、観光客が絶えないのだ。ピンチョスという土地の美食という「光」を求めて世界中から人が集まって来る。

おもてなしは手段であり、その根っこに必要なものが「光」だ。こういうごく当たり前のことを理解しておかないと、おかしなことになる。おかしなこととは「観光客が減少しているから外国人を誘致しよう」とか「団体客の受け入れ対策としてバリアフリーに取り組もう」とか考え始めること。

マイナスを埋め合わせる発想をする前に、そもそもどうして観光客が減少しているのかをしっかりと認識する必要があるだろう。観光客が減ったから、街に賑わいがないのか。街に賑わいがなくなったから、観光客が減少したのか。どちらも正解なようで、どちらも正解ではない。正解は、街に光がなくなったからであろう。

そもそも、私たちはなぜ旅をするのか。旅をしないからといって具合が悪くはならないし（私は具合が悪くなると思うが）、誰かに怒られるわけでもない。それでも「時間があったらやりたい余暇活動」でトップにくることが多いのが旅である。「観光」という言葉があるが、「光を観る」と書くではないか。そう、私たちは旅先に、その土地にしかない輝きを探しに行くのである。輝いている伝統文化、輝いている食文化、輝いている人。その歴史に想いを馳せて心を揺さぶられ、味覚にその土地を感じ、人の温もりや生き様に涙する、それがまさに旅そのものだ。

ツールを磨き上げることを否定はしないが、外国人はおもてなしを受けに日本に来るのではなく、日本という国の光、輝きを見つけに来ることを忘れないでほしい。

土地に魅力がないのに、人がよそから集まって来ることはない。その土地の魅力は他人が創るものではなく、土地の人自身が輝くことでしか創り出せない。私は観光産業の繁栄は、その土地を愛してやまない地元民の総数で決まると信じている。

ドーソンシティと宿根木《しゅくねぎ》

輝いている街を紹介したい。

カナダのユーコン州にドーソンシティという小さな町がある。人口は1200人。小さな町だが、過疎でもなければ人々が疲弊しているわけでもない。街は輝いているのだ。

ひとつめの輝き。それは、ゴールドラッシュ時代に、人口が4万人を超えた頃の賑わいを再現した町並み。19世紀の西部劇の時代に迷い込んだかのような町並みに、人々が誇りを持って住んでいるのだ。夏はアウトドアリゾートの聖地として、アメリカだけでなくヨーロッパからも観光客がやって来る。夏場、州都ホワイトホースにはヨーロッパからのチャーター便が続々と飛んで来るそうだ。

ふたつめの輝きは、犬ぞりレース。冬はマイナス30度にもなるドーソンシティだが、世界最大級のイベント、犬ぞりレース「ユーコンクエスト」の中継地点として賑わうのだ。アラスカのフェアバンクスからドーソンシティを経由してホワイトホースをつなぎ、走行距離1600キロにも及ぶレース。東京から鹿児島よりも長いコースを極寒の中、犬ぞりで駆け抜けるというとんでもないレースを観に、世界中から観光客がやって来る。

街の輝きとは、人口の多さで決まるのではない。ダイヤモンドの原石のような土地の魅力を、地域の人が誇りをもってどれだけ磨き上げるかにかかっているのではないか。

カナダの国民は、誰もがカナダのことを愛し、「どこよりも自分の土地がいちばん素晴らしい」と言う。ブリティッシュコロンビアの人も、アルバータの人も、プリンスエドワードの人も、「ここは最高よ」と胸を張って自慢する。

アラスカのフェアバンクスでマイナス42度の中、タクシーに乗ったら、女性ドライバーが「フェアバンクスはとてもいいところよ」と言う。私が「夏は最高なんでしょうね」と相槌を打ったら、「夏はね、とんでもなく大きな蚊がいるのよ。私は冬のほうがいいわ」と笑う。

マイナス42度の冬を愛するアラスカ市民。単にポジティブ思考やヤセ我慢でそう口にしているのではない。日本人もぜひ見習いたいところだ。

私たちは控え目で謙遜することが美徳と教わったからか、「何もないところです」と口にするクセがある。だが、何もない街などあるはずがない。ダイヤモンドの原石を磨き上げ、地元の老若男女が土地を愛し、誇りに思う。これこそが観光の原点だ。

日本で輝いている街のひとつは佐渡。

ここでは街の中学生が観光案内をしてくれるボランティアガイドのしくみがある。江戸時代に千石船で栄えた、貴重な歴史的遺産が今も生きる「宿根木《しゅくねぎ》」という集落を、地元の小木中学校の生徒が無料で案内してくれるのだ。夏休み期間の土日だけだそうだが、この取り組みを聞いただけで、宿根木に行ってみたいと思うのではないだろうか。

観光客を案内するために、自分の生まれた土地のことを勉強した子供たちはきっと、自分の街のことが大好きになるだろう。佐渡市の観光課の取り組みは素晴らしいことだと思う。

観光業界がつくるツアーは、佐渡と言えばトキ、金山、たらい舟を見せて良しとしているフシがある。「佐渡の魅力はそこじゃない」と、島に足を運ぶとわかる。もっと深いところにあるのは、歴史、文化、食、踊り、そして能。佐渡の能は鳥肌が立つほど長い歴史上に存在する、日本の誇りでもある。

そんな「光」をしっかりと伝える旅行会社がほとんどないのはなぜだろう。

私たちの業界には「佐渡に行かぬバカ、二度行くバカ」という、なんとも失礼なフレーズがある。私は、佐渡は10回くらい行かないと、わかったような顔をしてはいけない島だと思っている。まだ3回しか行っていないので、お客様をそそのかしてでも、また足を運びたい、光り輝く島である。

嫌な顔をしないスイス

旅行中、車椅子を使っているお客様とご一緒していると、どんなに細かな準備をしていても、都合の悪いことが起きる。

スイス・ツェルマットのホテルでは、予約していた部屋のバスルームの幅が狭く、車椅子では使えない。事前にさんざん確認しているのだが、現地に行ってみると、このようなことがけっこうな確率であるのだ。

ホテルの女性マネージャーに話をすると、すぐに他のタイプの部屋を見せてくれた。実質的にアップグレードになったのだが、差額は請求されなかった。お礼を言うと、「私たちは最善を尽くすだけよ」と、さらりと言う。

スイスでは氷河急行でもトラブルがあった。日本出発前に列車を予約した際、歩行できないお客様が車椅子を使うことを連絡しておいたのだが、実際に手配されていたのは一般の座席だった。車椅子ではその席までたどり着くこともできない。

ホームにいた車掌に状況を伝えると、彼は表情ひとつ変えず、別の座席を手配し、窓口へ連絡。車椅子を置けるように元の座席を取り外すメンテナンス技術者への連絡を10分ほどの間にテキパキ済ませた。

笑顔など見せない。お詫びなど絶対にしない。そう、これがスイス式。余計なお愛想は言わないけれど、絶対に嫌な顔をしない。私たちが主張していることを根気強く聴き、最善を尽くす。

お客様とサービス提供者との本来のパートナーシップを見る思いがした。


日本で障害がある人への配慮をお願いすると、慇懃無礼に断られることが多々ある。言葉は丁寧なのだけれど、行動する意志はまったく感じられない。当たり障りないよう、体よく断るのだ。

会社を創って15年。何百回、いや何千回と露骨に嫌な顔をされたり、慇懃無礼に断られたりしてきた。

日本のサービスは素晴らしい。おもてなしは世界に誇れる。私もそう思う。ただし、その理念は障害の有無や年齢に関係なく、基本的に機会均等であるべきだ。

文化の違いなのかもしれないが、スイスでは、鉄道や航空会社の窓口に長い行列ができていても、皆がじっと待っている。それぞれが後ろの行列など気にせず自己主張するし、係員もじっくりその話を聴く。次の人は自分の番が来たら、後ろの人のことなど気にせずに自己主張する。

真剣に話を聴いている係員は、お客様の話が終わったら、自分の考えやルールを「お客様が納得するまで」じっくりと何度でも説明する。ここが大切で、「お客様が納得するまで」説明は続く。ここが日本と違う。

日本のおもてなし的サービスでは、腰を曲げて頭を下げているのだが、「お客様の話をじっくり聴く」「お客様が納得するまでキチンと話をする」ことは明らかに不足している。相手が納得していないのに、愛想良くその場を取り繕ってまとめてしまうケースが多いように感じられる。十分に納得していないから、あとで本社に電話がかかってきたり、お客様相談室に駆け込まれたりするのではないか。
どうだろう？　納得感のない謝罪を受けたことはないだろうか。

形式的に謝ったり、頭を下げたりするのが仕事ではないと、スイスの行列を見ながら思う。「文化の違い」だけで片付けるのは惜しくはないか。日本も学べることがあるはずだ。

世界に誇れるサービスを提供していると自覚を持つ日本人も、慇懃無礼ではない「最善を尽くす」スイスから学び、さらにサービスを向上させていけるのではないだろうか。

第三章　いい未来の話

35歳で会社を設立して15年。２０１４年には50歳。
次の10年は次の世代にしっかりとバトンを渡したいと考え、
これまでの体験と考察を本書にまとめてみた。
特に若い人には、先入観なしでまっさらなキャンバスに
自由自在に絵を、未来を描いてほしい。
その新しい日本を創るために、
この本がささやかな橋渡しになればと思う。

ロマンってなんだろう?

「はじめに」では、旅行業界に勤める方には多分面白くない話をしてしまった。不愉快に思った方がいれば、お詫びしたい。

私は上司に「理想じゃ飯は喰えない」と言われたが、励ましの言葉ももらった。それは、私が父のように慕っていた直属の上司、藤原靖利事業部長(故人)から。藤原部長は夜になるとふらふらと私たちのデスクのまわりを歩きながら、「まだ終わらないのか」「食事にでも行かないか」と残業が続く私たちを気遣ってくれた。

あるとき私のところへ来て、唐突にこんなことを口にした。本当に突然のことだった。

「高萩君、旅にはロマンがなきゃダメなんだよ。ロマンをなくしてしまったら、僕たちはこの仕事をしてはいけないんだ。そうだろ」と自分に言い聞かせるように、つぶやきを残して立ち去っていったのだ。

ロマン？

死語とまでは言わないけれど、当時もほとんど聞くことがなくなっていた言葉だった。

藤原さんが言うロマンとは何か。答えはまだ見つからない。それでも会社を続けている限りは「旅のロマン」をお客様とともに模索していきたいと考えている。

この本はビジネス書ではないけれど、「このままじゃいけないんだよな」という想いをもつビジネスマンやビジネスウーマン、そして経営者の方が読んでくれていたなら、伝えたいメッセージがある。

それは、「私たちの力で社会は変えられる」ということ。

レガシーシステム、つまり既存のビジネスモデルやしくみは、数年先には通用しなくなるはず。それを、ピンチと考えるか千載一遇のチャンスととらえるか。もちろん後者しかないであろう。

新生。新しく生まれ変わる日本。

100年後の日本が、世界中の国からまばゆく感じられる国になっていることを心から願っている。

福祉と旅行の微妙な距離感

当社は福祉の会社と間違えられることがとても多い。確かに設立のコンセプトが「よその旅行会社が手掛けないような旅のお手伝い」なので、障害がある方や高齢の方など、旅行に何らかの配慮が必要な方がお客様に多いのは事実である。

だからと言って「バリアフリー専門」と言いたくないのにはワケがある。それは日本全体に蔓延する「健常者はこちら、障害者はあちら」のような区別が好きではないからだ。

私は福祉先進国と言われるカナダに2年ほど住んでいたことがあり、また、多くの日本人よりはたくさん外国を訪れているが、日本の福祉は世界有数のレベルだと思う。

セーフティーネットとしての生活保護制度は、それなりに機能しているし、日本では餓死する人の数は少ない。そして、何といっても世界に誇れる国民皆保険制度がある。運用に大きな不安があるとはいえ、これはアメリカが逆立ちしても導入できないものだ。

それでも創業以来ずっと、日本の国全体に蔓延する、目に見えない心のバリアを感じている。私は、日本人は総じて親切で優しい国民であると信じているが、時々その思いが揺らぐことがある。

たとえば当社のスタッフが、信州地方のある温泉旅館に足の悪いお客様の予約を依頼しようと問い合わせた時のこと。杖を使う高齢のお客様に対して、どのような形で対応が可能か、館内の様子や配慮の可否について尋ねたのだが、返って来たのは「当館は古いので、来られても困ります」という素っ気ない答えだった。何を聞いても、「早くこの問い合わせと縁を切りたい」と考えているとしか思えない女将の言葉。ホームページに書かれた「おもてなし」の言葉がむなしい。

このようなケースは決して特殊なことではなく、当社のスタッフは一年中、こんなせつないやりとりをしながら、国内旅行を企画手配している。「ビジット・ジャパンで海外から2000万人を迎えよう！」もいいのだけれど、「まずは高齢化社会の日本人をしっかりもてなそうよ」と思ってしまう。

このような旅館の経営者や女将に共通しているのは、「福祉は儲からない。障害者への対応は、税金を使っている公共の宿がやるべき」が本音ということであろう。民間企業である以上、どのような経営戦略をとろうが勝手だが、「障害者・高齢者＝福祉」というステレオタイプの考え方から抜け出せていない。これは思考停止そのものだ。

何も旅館経営者だけを責めているのではない。日本人全体が「障害者・高齢者＝弱者であり、助けが必要な人、自分ひとりでは生きられない人、もっと言うなら気の毒で大変な人」という意識を、心のどこかにもっているのではないか。

その証拠に、障害がある人と国内を旅していると、特に地方では「大変ですね、頑張ってくださいね」と声をかけられ、励まされる。一度や二度ではない。本当にどこへ行っても〝励まされる〟。

「障害者って大変で、頑張って生きていないと社会の期待に応えられないのよね」と、お客様と笑ってネタにすることも数えきれないほどだ。

社会は着実にバリアフリーに近づいている。駅のエレベーターも街中の多目的トイレの数も飛躍的に増えた。それは素晴らしいことだと思う。それでも私がお客様と共に願っていることは、障害がある人が社会の中で特別視されない日が来ることだ。

カナダに住んでいたころ、首から下がまったく動かないと思われる重度障害の人が、電動の車椅子を操作して、ショッピングモールでひとりで買い物をしている光景に衝撃を受けたことがある。まわりの人は誰も振り返らないし、店員も普通に対応している。

「なんなんだ、この国の普通さ加減は！」

日本ではありえない光景が、若き日の私の目に焼きついて、今も離れない。

旅のチャンスは平等に

おわかりいただけるだろうか。障害がある人は、基本的には放っておいてほしいと。

考えてみれば、自分が逆の立場になった時、まわりの人から「トイレ大丈夫ですか?」「いつでもお手伝いしますよ、遠慮なく言ってください」「車椅子押しますよ」「寒くないですか?」「おなか空いてないですか?」「今日はお通じありましたか?」などと心配され続けたくなんてない。ここは入院病棟ではないのである。まったく大きなお世話だ。

そうか。今、気がついたのだが、基本的に日本人は世話焼きなのだ。

だから、批判を承知で書くと、日本国民は、障害がある人や高齢者を「上から目線で」、あくまで自分を優位な状態に置いた上で、何かを手伝って「あげる」のが好きなのだ。

よもや障害がある人や高齢者が、自分よりいきいきしていたり、幸せそうだったりすると、あまり気持ちの良いものではないかもしれない。

そういった意味では、ボランティア精神ほぼゼロで、障害者にも福祉にも興味がない私たちのチームは、お客様から見ると、数少ない「ほったらかしにしてくれる」旅行会社だと言えるかもしれない。

自分のペースでリラックスしたい人には嬉しい会社だろう。なにせベルテンポでは、耳が聞こえない人も、まったく目が見えない人も、本人が希望すれば（ほぼ100パーセント希望されるが）、ひとり部屋利用である。介助者などつけない。本人たちも「いらない」と言っているし。

新聞社からのインタビューでもとても多いのが「障害者ひとりにスタッフひとり

が同行するのですか？」という質問だ。前提にあるのは「障害者はひとりでは何もできない、助けが必要な弱者」との先入観だと私は思うのである。

聴覚に障害がある人が客室にひとりで泊まると、どんな不都合があると想像するだろうか？　旅行会社や旅館が断るために準備する〝伝家の宝刀〟は「火事があった時、助けられない」だ。門前払いをするためには満点の回答だろう。こう言われては、普通はぐうの音も出ない。

でも、残念なことに私はひねくれている。火事で助けられないというなら、旅館は酒癖の悪い人間を泊めるべきではない。旅行会社も泥酔したお客様を添乗員が背負って避難することなど無理だと思う。「火事があった時……」というのは、正論かもしれないが、本当は断るための理由でしかない。障害者に対してだけ正論を適用するのは、差別というものだろう。

私は手話ができるわけでもないし、聴覚に障害がある人の外出を積極的に支援している善人でもない。障害があるからといって、旅のチャンスが奪われるのはおかしいと思うだけである。

その道のプロフェッショナルならば、「どうやったら波風立てずに断れるか」を考えるのではなく、「どうやったら、安全を担保しながら旅を実現させてあげられるか」を丁寧に考えるべきだろう。それこそが私たちに課せられた社会的役割ではないのだろうか。

ひとつ私たちの対応を紹介しよう。

聴覚に障害がある人の旅行は、大変な場面もあるのは事実だ。なぜなら、旅のさまざまな場面では、音声によって意思疎通を図ることがとても多いから。添乗員からの案内然り、機内放送然り、バスガイドの案内然り。

では、どうするか。

簡単だ。紙に書く。その場で起きるやりとりには、ミニサイズのホワイトボードを使う。

団体ツアーのように、旅程管理者（添乗員）ひとりに対してお客様が大勢いる場合は、特定のお客様専属の通訳のようなことはできない。だから、最低限のアナウンス、たとえば集合時間や安全にかかわることのみを案内すると、お客様から了解をもらっておけばよい。多くのまともなお客様は、添乗員に過剰なことは求めていない。

「書く」という作業は、多くの添乗員が普通の業務範囲でやっていることである。健常者と呼ばれるお客様も、ひとの話などほとんど聞いていない。腹立たしいくらい、本当に聞いていない。（ですよね？　同業の添乗員さんたち！）

つまり、耳が聞こえれば、すべてを理解しているわけでもない。逆に、耳が聞こえない人のほうが、情報収集には敏感だったりするのだ。聞こえる人は、ひとの話を聞いている、などというのは、私たちの先入観にすぎない。

それで、火事の時はどうするか？

私は聴覚に障害がある方が一緒の場合、お客様の了解をいただいてスペアキーを持たせてもらうことにしている。そして、お客様には二重の内鍵はかけないようにお願いする。何かあれば、スペアキーで入らせていただく。

今まで緊急事態で入室したことはないが、朝寝坊して起きてこないお客様の様子を見るために、部屋に入らせてもらったことはある。電話をしても通じないので仕方がない。このような場合には、お客様も怒ったりはしないはずだ。

おもてなしの真の意味

２０１３年の流行語大賞のひとつに選ばれ、滝川クリステルの容姿と共に世界中に配信された「おもてなし」。旅とおもてなしは切っても切れない仲だと言える。

広辞苑で調べてみた。

もて－なし【持て成し】は、
①とりなし。とりつくろい。たしなみ。
②ふるまい。挙動。態度。
③取扱い。あしらい。待遇。

④馳走。饗応。

もて－な・す【持て成す】は、

①とりなす。処置する。
②取り扱う。待遇する。
③歓待する。ご馳走する。
④面倒をみる。世話をする。
⑤自分の身を処する。ふるまう。
⑥取り上げて問題にする。もてはやす。
⑦そぶりをする。見せかける。

滝川クリステルが言いたかったのは「ふるまい、挙動、態度」そして「歓待する」といった意味であろう。

実際のところ、日本のおもてなしは外国人からはどう見えるのだろうか。

いや、その前に日本人にはどう見えているのだろうか。

日本の旅館やホテル、あるいはレストランやタクシーは、チップの心配がいらず、ぼったくられることも足元を見られることもほとんどなく、安心して利用ができることを、外国からの観光客は高く評価していると聞く。

多くの国にはチップという、日本人には難解な風習があり、サービス業の現場で働く人たちはこのチップの多少が所得に直結するしくみとなっている。

チップの習慣が当たり前の外国人は、日本でタクシーのドライバーが荷物の出し入れすら手伝わないのは「チップの制度がないから」か「高齢者ばかり雇用していて、そもそも体力がないから」なのかといぶかっているという話を聞いたことがある。確かに私が日本で乗るタクシードライバーはおじいちゃんばかりだ。

また、作家でジャーナリストの山田順氏は、ネットニュースへの配信記事の中で米紙記者の話を紹介している。この話からはアメリカ人の価値観がうかがえる。

「日本人はよくおもてなしと言い、日本のサービスは最高と自慢する。しかし、東京にはチップの習慣がない。ということは、そのサービスの分は価格に含まれていることになる。それをおもてなしでごまかしている。日本のサービス業に従事している人たちは、その分、ソンをしているのだ。おもてなしの心を強いられて、安い料金で働かされている人たちはかわいそうだ。おもてなしは、そういう人たちの犠牲で成り立っている」

（2013年9月13日　Yahoo!ニュース　署名記事より）

私が2年間住んでいたカナダもチップ社会で、歩合給の大部分がチップからの収入である場合が多い。頑張りが収入と直結するという、わかりやすいしくみになっているのは事実である。

日本のサービススタッフは固定給である場合が多いが、ホテルや旅館で収受されている（チップの代わりとされる）定額のサービス料が、きちんとスタッフへ分配されているのだろうか。おもてなしが現場の犠牲の上に成り立っているとしたら、それは本物のおもてなしとは言えない。スタッフが「楽しくて仕方がないんです」と言うならば、待遇がしっかりしているか、洗脳されているかのどちらかであろう。

おもてなしを世界標準のレベルに引き上げるには、自国の素晴らしい習慣を、外国人にも理解してもらう努力をするか、それとも世界標準に合わせてサービスシステムを再構築するか。この二者択一だ。

仮に私が日本の「おもてなしアドバイザー」に任命されたとしたら（絶対にありえないが）、やりたいことがふたつある。それは「表裏のあるニセおもてなしの排除」と「接客や挨拶とは違う角度からのしくみによるおもてなし」である。

詳しくは次に語ろう。

表裏のあるニセおもてなし（1）お迎えする気持ち

「表裏のあるニセおもてなし」のわかりやすい実例をあげてみよう。

当社は杖を使うご高齢のお客様が多いので、温泉旅館を選定する際には次の3点を確認する。

部屋にベッドがあること（膝が悪いと布団から立ち上がるのがつらいため）、お風呂場に手すりがついており、床が滑りにくい材質であること（安全面への配慮）、夕食・朝食をイス・テーブル席で準備してもらえること（座敷に正座はできない）、それほど難しい条件ではないだろう。

ある旅行の企画依頼を受け、飛騨地方の有名な温泉旅館のホームページを見ていたら、旅情にあふれ、雰囲気も良く、なにしろ温泉の泉質は素晴らしいと宣伝していた。女将の挨拶でも「心からのおもてなし」を謳っていたので、問い合わせの電話を入れてみた。

「洋室があるとホームページで確認して電話をさせていただきました。足の悪い方がいるのですが」

「うちは古い旅館ですから、段差も多いですし、足の悪い方は難しいと思います」

「多少の階段なら大丈夫です。洋室のお部屋がありますよね」

「洋室と言っても古いですし、部屋の窓からも外はまったく見えないんです」

「食事はイス・テーブル席でお願いはできますか？」

「だから、来られても、こちらも困るんです」

「ちなみに料金は1泊2食でおいくらになりますか？」

「ホームページに書いてある通りですが、読まれませんでしたか？」


よくぞ「おもてなし」を謳う勇気があるものだと感心する。

本当に残念なことに、この手の対応をする旅館は10軒や20軒ではない。健常者には素晴らしいおもてなしを発揮するが、高齢者、障害者、ひとり旅というキーワードを口にした瞬間に、手のひらを返したように態度を豹変させる〝おもてなし部隊〟をこの15年間、嫌というほど見てきている。

もちろん旅館側にも言い分はあると思う。老朽化だってウソではないのだろう。美辞麗句を書かないと誰も来てくれないのだろう。それでもおもてなしとは、「おもて・うら・なし」ではないのか。こんな薄っぺらなおもてなしが、日本文化の代表格である旅館で平然と行われている現実がある。


一方で、しっかりとウソ偽りのないおもてなしを実践している旅館や宿泊施設もある。

長崎県の雲仙に「福田屋」というレトロ調の温泉旅館がある。古い建築物なので館内のあちこちに段差がある。先日、電話で車椅子を利用しての宿泊対応の可否について尋ねた。

「あいにく当館は古い建物でして、玄関からフロントまで10段ほどの階段がございます。手すりはありますます。また貸切風呂へ行く際にも階段がございます。レストランや部屋など、その他の施設へは段差はございません。必要な場面ではスタッフがお手伝いをさせていただきますが、いかがでしょうか?」との返事だった。

何より嬉しいのは、体よく門前払いをしてしまおうとするのではなく、現状を伝えて、宿泊の可否について、相手に判断をゆだねている点である。

当社のお客様にそのまま伝えたところ、「そのレベルなら自分は大丈夫だと思う。ぜひ、行きたい」というお答えだった。

先に紹介した門前払い旅館は「来られても困る」の一点張りで、お客の側には選択肢が与えられていなかった。要は、お迎えする気持ちが本物なのか、それとも、自分たちに都合の悪いお客は軽くあしらっておけば良いと思っているのかの違いだ。

批判だけでは何も生まないので、最善の情報提供と意志表示をしていると私が信じる旅館の取り組みを紹介したい。

佐賀県の唐津にある純和風の旅館「洋々閣」。大正元年に改築した建物が使われており、バリアフリーとはほぼ無縁。全室和室で2階へは階段のみである。ホームページ中にある「おからだのご不自由なお客様へ」というご案内を転載する。自分の親が高齢だったら……と考えながら読んでみてほしい。

「おからだのご不自由なお客様へ」館内のご案内

当館は、古い木造の建築でございまして、バリアフリーにはまだなっておりませんが、なるべく近いうちに整えたいと思っております。

以下の館内のご案内をお読みくださいまして、もし現状でもご利用が可能であれば、できるだけの対応をさせていただきたいと思います。

お蔭様で、全国の旅館連盟から「人に優しい地域の宿作り」の優秀賞をいただきました。

さらに、努力をして参りますので、よろしくお願い致します。

玄関には2段の段差が二つございますが、移動式のスロープを設置できますし、車椅子ごと抱えあげる人的対応はできます。

車椅子はご自分のものを持ちこまれても結構ですし、お貸しできるものもございます。（1台のみ）

一階のお部屋で入り口まで車椅子で行ける部屋はございます。

二階へはエレベーターはございません。階段の手すりはございます。

一階、二階、ともに全室和室でございます。

お手洗いは洋式トイレですが、車椅子用の広いものではございません。
トイレ内に手すりはございません。
ポータブルトイレはございます。

お部屋のお風呂には、介護用バスチェアーは置いてありませんが、
必要なお時間に大風呂から持っていきます。
手すりはまだありませんが、壁や窓枠に手が届かれると思います。
大風呂に行くには、２段の段差が二つあります。スロープの設置はできます。
浴室内には介護用バスチェアー、手すり、浴槽内ステップがあります。
更衣室のほうには、まだ手すりがありませんが、
棚や洗面台につかまることはできると思います。
家族湯はございませんが、他のお客様のご利用の少ない時間帯でしたら、
大風呂に貸切時間を設けることができます。

お夕食は原則としてお部屋にお運びいたします。

簡単なテーブルとイスを入れることはできます。
お朝食はイス、テーブル式の食堂にご用意いたします。
こちらは段差がなく車椅子でそのまま入れます。
この食堂はご希望があれば夕食に利用していただくこともできます。
お食事の内容につきましては、お話し合いの上、
できるだけの対応をさせていただきます。

お休みになるときにフトンではご不自由な場合は、
簡易ベッドでよろしければご用意できます。（1台のみ）

その他、どうぞご遠慮なくお問い合わせくださいませ。
私どもでは、おからだのご不自由なかたにもお役に立ちたいと
願っております。お問い合わせ時に状況をお知らせくださいませ。

（洋々閣ホームページより）

「ここなら親切に対応してくれそうだ、相談する価値はあるのではないか」「和室に簡易ベッドを入れてくれるなら、孫と3世代で1部屋に入れるかも」「大浴場を貸し切れるなら、家族でお風呂に入れるかも」などと考えるのではないだろうか。

これがおもてなしの〝あるべき姿〟というものだ。

もちろん、言われたことを何でもご用聞きのように引き受けることがおもてなしではない。大切なことは、「できることとできないこと」を明確にし、宿泊を検討している人が自ら判断できる材料を提供することだ。

日本の旅館は、サービスが慇懃無礼な上に「お客の側が本当に知りたいこと」をごまかす傾向にある。本当に知りたいこととは「引き受ける覚悟があるのか、ないのか」だ。

もちろん施設の構造上、高齢者や足の悪い人が来館するのは絶対に無理という状況もあるだろう。それなら、そう正直に書けばよい。「安全面から、足の悪い方にはおすすめできない」と。

とにかく、おもてなしとは、サービスを提供する側の価値観の一方的な押しつけであってはならない。お客様から見てどうか、が価値を決めると思うのである。

表裏のあるニセおもてなし（2）料理

「表裏のあるニセおもてなし」にはもうひとつ、異論や反論を覚悟の上で、どうしても書いておきたいことがある。それは料理の残飯の問題だ。

旅館の料理は、どう考えてもボリュームが多過ぎるし油物も多い。おまけにお酒を飲まない場合でも、ご飯が出てくるのが遅い。東洋の思想として「ご馳走は食べ切れないほど出すのがおもてなし」という考え方が古くからあるのは知っている。特に中国では、賓客が料理全部をキレイにたいらげたら、それは「足りなかったというサインだ」とまで言われていると、現地で聞いたことがある。日本でも田舎にはまだまだそういった風習があるのも事実だろう。

しかし、世は平成に変わり、世界の食料危機が叫ばれる中で、食べ物を残すことをなんとも思わなくなってしまっている価値観を何とかできないだろうか。農林水産省などの試算によると、日本の食料の廃棄料は年間２０００万トンに上り、日本人ひとり当たり１７０キロを捨てている。廃棄理由の71パーセントが「量が多かったから」。事業系ゴミと家庭ゴミからの廃棄はほぼ同量だそうだ。

真のおもてなしを考えるきっかけのひとつとして、外食産業や旅館、ホテルの方に考えていただきたいのが、この食料廃棄の問題でもある。

当社ではご高齢のお客様が多いので、いつも旅行前に念を押されるのが「食事の量は少なくていいですからね。美味しいものをちょっとずつでお願いします」ということである。

旅館に「食事のボリュームを少なめで」とお願いしてみても、「お安いご用です」と快諾されることは稀で、多くの場合は「多ければ、どうぞ遠慮なく残してください」と、せつないことをおっしゃる。それがもったいないから、事前にお願いしているのに。差額の返金など必要ないし、ただただ「残すのはもったいない」。その想いを伝えたいだけなのに。

創業の頃から悶々としていたら、福島県の磐梯熱海温泉で「きらくや旅館」を経営されている村田社長と出逢うご縁があった。村田さんは家業の旅館を手伝う際、宴会後の残飯をバケツに放り込みながら、その量のあまりの多さに「こんなことをしていたら、いつかバチがあたる」と考えたそうだ。まともな常識を備えた人間なら、そう感じるのがむしろ当然だと思う。そう思わないとしたら、無理やり思考を停止させているのだろう。

このきらくや旅館こそ、観光庁がおもてなしモデル旅館として認定すべきではないかと私は考える。旅館の運営コンセプトが明確に示されていて、これこそが、日本人がもつべき心であり、おもてなしのお手本である。日本中にこの考えをぜひ広めたいので、紹介させていただく。

なぜ今までの1泊2食付きを止めたか

私の趣味は一人で歩く海外旅行。バックパッカーです。背中に荷物を背負って目的の町に着いて部屋を見せて頂いてその日の宿を決めます。夕食は町を歩いて飲食店に飛び込み土地の物を食べます。それに対し日本の宿の一泊二食付は日本の習慣であり、グローバルスタンダードでは無いのです。そんな事からきらくやにしてみたら思わず外国人のお客様が結構泊まりに来るようになりました。

たまに多人数で会食のお客様も有りますが、今のお客様はそんなに沢山は食べないのです。やっぱり片付けの時、残飯が多く出るので心が痛みます。宴会後の食器片づけをする時、提供した料理の約半分が残飯です。せっかく作った料理も全然手をつけてなくとも、全部残飯です。15人程度でバケツいっぱいになります。なみなみとビールが注がれたコップはそこらじゅうにあります。このような事では何時かはバチが当たると私の旅館だけでもと〝お仕着せの夕食付き〟をやめたのです。

お客様が外で食事をして頂ければと始めた夕食別の旅館だったのですが、この

8年間で磐梯熱海温泉はお客様が激減、それに伴い、食堂も減ってしまいました。初めは当旅館内の食事も簡単でしたがいつの間にかメニューも増えています。しかし、これは決して私どもが望むようなものではありません。

（きらくや旅館ホームページより）

残飯を捨てるのが嫌で夕食を提供せず、お客様に館外の食堂に食べに行ってもらっていたものの、温泉街が衰退して、外で食べることができなくなったため、仕方なく夕食の提供を再開したというお話。

私は「そうは言っても」と大量の料理を出し続ける旅館経営者を責めるつもりはない。なぜなら、大多数の宿泊客は、現状の宴会スタイルを望んでいると考えられるからだ。「わかってはいるけれど、今週末、来月、来年はまだ現状維持がベター。うちだけが大きく変化させて、万が一失敗でもしたら……」という気持ちは、私も経営者のはしくれとして痛いほどわかる。だからこそ、きらくや旅館の「いつかバチがあたると思った」は、決して無視してはいけないキーワードだと考える。

きらくや旅館が夕食を出すのをやめて、想定していなかった変化が表れたらしい。面白いことに、決してロケーションが良いとは言えない磐梯熱海に外国人が5泊、10泊とするようになった。そして磐梯熱海を起点にして、日光や松島、中尊寺などへ足を伸ばすのだと。

私はその話を聞いてピンときた。外国人観光客はほぼ100パーセント、ジャパンレールパス（JRが乗り放題になるパス）を持っているので、成田に着いたら新幹線に乗って郡山経由で磐梯熱海に向かい、ここをベースキャンプにして各地へ日帰り旅行をする。外国人にしてみたら、せっかくだからウエスタンスタイルのホテルではなくリョカンなるものに泊まってみたい。しかし、なぜか2食がついたセット料金になっており、ひとりでは泊めてもらえない。

しかし、きらくや旅館なら、素泊まりOK、ひとり旅歓迎。温泉もあり、畳の部屋で浴衣を着られる。まさに日本を感じられる理想の旅行パターンができるのだから、口コミで外国人に広まるのは当然だ。

旅館の大量の食事は、外国人にはおもてなしとは映りにくいだろう。また、接客や外国語の習得だけがおもてなしではない。大切なのは考え方だ。

実例　ユニバーサルツーリズム

観光庁が「ユニバーサルツーリズム」を大きなテーマに掲げていることに、とても期待している。観光産業はこれからも日本の第3次産業の中では大きなウエートを占めることはまちがいない。国家戦略のひとつとして、観光のあるべき姿を「ユニバーサルデザイン」という考え方で定めたことは特筆に値する。

これまでの観光産業にぽっかりと欠けていたのが、このユニバーサルデザインという考え方だ。聞き慣れない言葉かもしれないので、簡単に補足をしておきたい。

これまでのバリアフリー発想のベースにあったのは、バリア（障壁）をフリー（除去）するという考え方。つまり、段差があれば横にスロープを付け、ホテルの部屋が障害者にとって使えないものであるなら、バリアフリールームを別に準備しようとする発想である。目の前に存在するバリアを何らかの方法で除去する行動を推奨している。

交通バリアフリー法がその典型で、強制力がある罰則規定をもって、日本の交通インフラをこの10年整えてきたと言えるだろう。この法律ができる前は、天下の東京駅にすらエレベーターがなかった。今では考えられないが、障害者団体の要望などにも「駅施設が老朽化しており、エレベーターの設置は設計上、難しい」と回答していたのだ。ところが法律が制定された途端に工事が始まったのだから、不思議なものである。

ユニバーサルデザインは、バリアフリー発想の上級編と考えればわかりやすいかもしれない。つまり、設計の段階から、さまざまな交通弱者、情報弱者と呼ばれる人も含めたすべての人を想定してデザインを行う。車椅子利用者だけではなく、杖を使う人も入れば、妊婦さんや子供連れのベビーカーもあり、大きな荷物を抱えている人も、小さな子供も、もちろん外国人だっている。さまざまな人が、アクセスしやすい設計を最初から行っておくという先進的な考え方である。

ユニバーサル発想の実例をいくつか紹介したい。

[1]ペンションすばる（伊豆大島）

オーナーの下田さん夫妻が伊豆大島で開業した小さなペンション。「バリアフリーの宿」ということで開業をされているが、私はユニバーサルデザインの草分けのような宿泊施設だと感じる。

よく見ると、部屋のドアが引き戸だったり、トイレにさりげなく手すりがついていたり、体が不自由な方のための配慮があちこちにされているが、まったく嫌らしい感じ（コテコテの福祉くささ）がない。若いカップルが泊まりに来ても、言われなければ気がつかないまま快適に滞在できるであろう設計なのだ。

過剰な設備がないので、不足を感じる人もいるかもしれないが、洋室はもちろん、和室もある。足は悪くとも畳に寝っ転がりたい人などには、おすすめのペンションだ。

ユニバーサルツーリズムとは関係ないが、すばるの朝食で出される焼きたてパンは絶品。ぜひ一度お試しあれ。

[2] ウェルバス（福岡県）

私たちが国内旅行をプランニングする際に、非常に苦労するのが「移動手段の確保」だ。一般の観光バスを使うルートを選定した場合、足の悪いお客様がいると、ステップの上り下りができるかという問題が生じる。乗降時に床を下げるシステムがついているバスもあるが、車窓からの眺めを良くするためにハイデッカー（高床）車にしてあるバスだと、階段の数が増えることになる。高齢の参加者が、この急で狭い階段を手すりにしがみつきながら何度も繰り返し上り下りするのを見るのはせつないものがある。

また、そもそも事故や病気で立つことも歩くこともできない人はどうするのか。おんぶや抱きかかえという方法もあるが、自分がその立場なら、そこまでしてもらって旅行に行きたいとは思わないだろう。実際に、たった3段のステップがネックになり、旅を諦めている人は大勢いる。

では、福祉バスなら解決するのか。これもじつはまた微妙な問題なのである。日本全体を見渡しても、その数が大変限られており、観光スポットで利用できる福祉バスは全国でもまだまだ少ない。新規参入した会社も商業ベースに乗らず撤退することが多い。

なぜ、そうなってしまうのか。いくつかの理由がある。私たちの視点からは、まず「使いにくい」。福祉限定車両の場合、リフトを使って車椅子のまま乗客が車内に入れる構造になっていて、車椅子を固定するか、または座席に移るかする。これは人それぞれの希望によるのだが、車椅子を固定できる数が希望数と合わないことが多い。

また、「そもそも台数が少ないので予約がとれない」という理由もある。福祉バスの利用は季節変動が大きい。6月や10月といった旅行シーズンに需要が集中してしまう一方、2月、8月といった寒い・暑い季節は障害者が旅行をしないので、バスは車庫で塩漬けになりがち。そのため、経営を軌道に乗せるのは難しい。

このような現実から、一部の福祉専門のバス会社以外はこのマーケットには近づこうとしなかった。ユニバーサル発想で問題をクリアした福岡のウェルバスは、理想的な事例だと言える。

簡単に言えば、バスに車椅子昇降用リフトは付いているが、福祉以外の仕事も普通に引き受ける。外から見れば、リフトが設置されていることがわからず、センスの良いデザインの観光バスにしか見えないだろう。乗客が障害者のグループであればリフトを使えるし、一般の観光客なら普通に観光バスとして出せば良い。座席は取り外しが可能で、乗客のオーダーによって臨機応変に対応できる。

この考え方こそがユニバーサルデザインなのだが、なぜか追随する会社が現れない。こんな会社が全国にあれば、なんとも頼もしいのだが。

[3] 京王プラザホテル　ユニバーサルルーム（東京）

意外と知られていないユニバーサルデザインの老舗ホテルをぜひ紹介したい。

東京・新宿にある京王プラザホテルは、客室1500室を擁する大型ホテルで、宿泊客の半数以上が外国人である。客室予約の中村支配人は、すでに定年を迎えられたが、私は懇意にさせていただき、「ユニバーサルルーム」の創設期から利用させていただいた。

世の中には「バリアフリールーム」をもつホテルはたくさんある。これは障害者の方にしか提供しない部屋だ。ユニバーサルルームは障害がある方の予約が入っていない場合は、一般客にもどんどん提供する。ふたつの部屋の違いは、日本語で言えば「専用」か「汎用」かだ。

ホテルにチェックインして、もし部屋に介護ベッドが入っていて、トイレには手すりがたくさんついていたら、違和感があると思う。苦情を申し立てる人もいるであろう。だから、ホテルはよほどのことがない限りは、バリアフリールームを一般の宿泊客に売ることはしないはずだ。何しろ専用の部屋なのだから。

京王プラザのユニバーサルルームは、一般の宿泊客がチェックインしても、言われなければ、部屋に施された仕掛けに気づくことはないだろう。一般客室とのいちばんの違いは、ツインルームのベッドひとつが介護ベッド仕様で、背もたれが起こせる設計になっていること。特別な設計になっており、外から見るとベッドの堅さが違う以外、気づく要素がないだろう。

介護ベッドを所望する予約が入ったら、スイッチを設置して説明書を置く。また、バスルームには取り付け手すりを設置して、およそ5分でユニバーサルルームへの変身が完了するのだ。

この部屋に泊めてもらったことがあるが、まるで手品を見破るように部屋を探検しないと、どこに特別な配慮があるのか、なかなか気がつかない。それが設計者のセンスのよさでもあるのだ。

「旅行で介護ベッドの需要などあるのか？」と疑問に思うかもしれないが、当社にも稀に「介護ベッドのあるホテルはないか」と問い合わせがある。京王プラザでは「介護ベッドの部屋を指定しての予約がかなり多い」とのことである。

こんな場面を想像してみてほしい。結婚式に出席するために、地方から親戚が大挙して宿泊する。おじいちゃんは介護が必要な状態だけれど、孫の晴れ姿を見せてあげたい。京王プラザになら介護ベッドの部屋がある。それなら、結婚式は京王プラザで挙げよう、となるのだ。

ちなみにこのユニバーサルルームは2014年5月現在25室ある。経営センスのある方にはおわかりいただけると思うが、障害者世界大会といった大きなイベントの開催会場としてこのホテルが指名されるのは当然のことだ。他のホテルでは、開催自体ができないのだから。

私も大規模なバリアフリー関連の団体宿泊は、今まですべて京王プラザホテルに依頼してきた。そう、ユニバーサルデザインを侮ってはいけないのである。

支配人曰く、「もう何百組という同業さんが視察に来られたのですが、同じ発想で造られたという話を聞かないのですよね。時々『うちも造りましたから、ぜひ泊まりに来てください』と誘われて行ってみると、ユニバーサルではなく、コテコテのバリアフリールームなのですよ。なかなか伝わらないものですね」

現場体験の積み重ねがないと、ユニバーサルデザインを習得するのは難しいのかもしれない。図面だけを見ていたのではわからないリアルな世界は、日々の現場にあるのだから。

しくみこそおもてなし

『日経ＭＪ』が２０１４年２月10日の紙面トップで、「おもてなし日本　ココガタリナイ」と題して、日本のサービスについて大変興味深い記事を掲載していた。

訪日外国人１００人を対象に、日本のサービス業への不満を調査。記事によると外国人観光客の不満ベスト（ワースト？）10は次の通り。

１　外国語サービスが少ない
２　無料ＷｉＦｉの整備が遅れている
３　飲食店の食券システムがわからない

4　飲食店で食べ方を教えてくれない
5　現金しか使えない店が多い
6　飲食店は値段の割に量が少ない
7　禁煙スペースのない飲食店がある
8　過剰包装の店が多い
9　対応に柔軟性がない
10　土産物屋が少ない

具体的なエピソードとして、こんな話も紹介されている。

「楽しみだった和食だけど、あまり美味しくなかった」。こんな声をよく聞いてみると、刺身をソースにつけて食べていたと言う。不満に迎合する必要はないが、「おもてなし」などと耳に心地よいスローガンばかりで、使い勝手の悪いサービスを放置していては、国益を損なってしまう。

この記事を読んで、私も改善が必要だと強く共感することは、ふたつ。まず、日本は公衆ＷｉＦｉの整備が異常に遅れている。先進国と思えない遅れ方だ。そして、飲食店で英語メニューがないことも問題。英語のお品書きは必須だろう。

私がタイで庶民的な店にお客様とご一緒した際、メニューはタイ語だけで写真もなく、店員は英語が話せないということがあった。仕方がないので、他のテーブルで食べている料理を指差して「あれと同じもの」と頼んだ。英語が通じないことは、旅の醍醐味にもつながるが、観光客にとって異国での不安の種ともなるだろう。

日本ではビジット・ジャパンというと、すぐにハングル語や中国語を表記したがるが、まずは英語で十分だと思う。スイスやタンザニアに行って、トイレの扉に日本語で「便所」なんて書いていなくてもかまわないのだから。どうだろう？

食券の不親切ぶりは、外国人だけではなく、高齢者に対しても同じ状況と言える。駅の券売機を含め、最近のハイテク券売機は本当にどうやって買えばよいのかわからない。あのサービスを「革命的だ」と評価するのは誰で、ハイテクで誰を幸せにしたいのか？　どうしても理解できない。

お客様の側から見て、何がサービスなのか。外国人観光客問題は、ことの本質を教えてくれる。

外国人観光客誘致のために、自治体が音頭をとってハングル語での挨拶を練習している映像などをテレビのニュースで見ることがあるが、あれって、韓国人は嬉しいのだろうか？　私も外国で「オハヨウゴザイマス」と言われれば親近感は覚えるが、メニューがチンプンカンプンではどうにも困ってしまう。

「おもてなし」には情緒的な意味合いが強く、英語の「ホスピタリティ」に近い感覚でとらえられることが多い気がする。接客や接遇については、その方面のプロがすでに書き尽くしている感もあるので、私は「しくみ」でのおもてなしを、ふたつ提言してみたい。

[1] お金をかけずにしくみ化

旅館やホテルの皆さんへ。

自分たちのサービスをよーく見つめてほしい。たとえばトイレの表記はどうなっているか。レストランのメニューやお品書きがどうなっているか。日本語で「便所」「トイレ」だけでは外国人には意味不明。エレベーターの「開・閉」ボタンも漢字だけではわからない。

日本は先進国の中では例外的に、英語が驚くほど通じない国なのだ。多くの国民が高学歴で、世界に名だたる大手企業が数多くあるにもかかわらず、簡単な英語で質問されただけで逃げ出してしまう人もいれば、ただニコニコするだけの人も多い。こういう日本人は世界から相当不可解に思われている。

私には英語教育について語る資格はないし、私の英語だって怪しいものである。だからこそ、しくみ化を考えてほしいのだ。

簡単である。無料の翻訳ソフトでも何でもいいから使って、自分が訳したい日本語をまずは英語にする。それを紙に書いて張って、間違っていたら誰かに指摘してもらう。

私もスイスの山小屋にあるレストランで、スタッフから「ちょっと日本語をここに書いてくれないか」と頼まれて、いくつかの単語を紙に書いて渡したことがある。大規模投資など必要ないのだ。そして、これはお客様へのおもてなしになるだけでなく、スタッフの仕事やストレスを軽減することにもなる簡単なしくみづくりなのだ。英語の話せないスタッフを救うのは、あらかじめ用意された英語表記である。

[2] WiFiは無理をしてでも導入

私がパソコンユーザーだから言うわけではないが、外国から来る友人たちが悲鳴に近い声で訴えるのが「日本ではＷｉＦｉが壊滅的に通じない！」という惨状。台湾や韓国と比較すると、周回遅れなどというものではない。

沖縄のホテルなどでは振興予算で整備が進んでいるというが、箱モノの整備などと平行して、ＷｉＦｉ整備を国家戦略の最重要課題と位置づけないと、かなりマズいことになりはしないだろうか。ただ、政治や行政の決定権者には高齢の方が多く、

「ＷｉＦｉ」の意味も理解できていない気がするのが恐ろしいが。

そういえば昔、失言が得意だったM首相がＩＴ戦略の項目を読んで「おい、イットって何だ」と言ったそうだが、あれから20年、政治はあまり進歩していないのかもしれない。東京オリンピックに向けての整備課題には取り上げられていたが、どこまで緊喫の課題だと認識されているか、非常に気になる。

夢のタクシー

私がタクシーに望むこと。

・安心して乗れる「運転技術」（加速、減速、車線変更、停止位置）
・車の清潔感

・ドライバーさんの清潔感
・声のトーン、声の大きさ
・案内の正確さ
・道路等の知識

逆に、今まで不快な思いをしたこととしては、これらがあげられる。

・しゃべりすぎ
・知らなさすぎ
・臭い（体臭、タバコ）
・服装がだらしない（無精髭とよれよれのシャツは本当に勘弁してほしい）

タクシー会社へ提言したい。

ドライバー個人の評価をきちんとして、頑張るドライバーがやる気を出せるしくみをつくるべきだと思う。ソウルなどには「優良ドライバーだけが入れるタクシー乗り場」があり、日本では東京の新橋駅前に設置されていると聞いた。このような乗り場をもっと増やしたら良いと思う。

特に女性は「おっかない」思いをしたら、タクシーそのものが嫌いになるだろう。当社のお客様も「タクシーは高いから乗らない」のではなく、「嫌な思いをしたから二度と乗らない」とおっしゃる方が多い。

これは不景気や価格設定以前の問題。21世紀のあるべき姿を模索する前に、決断力さえあれば、経営者や業界の判断でできることはたくさんあるはずだ。

タクシーは全国でほぼ同じ形をしている。クラウンコンフォートというセダンタイプの4人乗車型。昭和の時代からタクシーの「基本形は変わらず」だが、そろそろ「発想の転換」をする時期が迫っているのではないか。

トランクは多くの場合、プロパンのタンクがスペースを占めていて、大きな荷物や大型ベビーバギー、車椅子などが乗らないことも多い。複数のスーツケースはまず無理だ。

そこで参考にしたいのが、ロンドンタクシー。姿が愛らしいだけでなく、気軽に乗れて、使いやすく、私は現地で乗ってみて、その合理性に驚いた。

【運賃と定員】

初乗りが確か（４４０メートルまで）２・２０ポンド。私が成田空港で両替したレートに換算すると３２５円。

後部座席に３名、向かい合わせに折りたたみのジャンプシート2席が設置されており、合計５名が乗れる。外見からするととても小さいのに、中に入ってみると天井が高く、狭さを感じない。

面白かったのは助手席が荷物置き場になっていること。ここに折り畳んだ車椅子と手押し車を乗せて、ロンドンの街を行ったり来たり、小刻みに動くことができた。

【乗り方】

ロンドンでは地下鉄が高額なこともあり、庶民の足としてすっかり定着しているようだ。日本と同じように流しのタクシーをつかまえる。ＴＡＸＩの表示が点灯していれば「空車」。日本では子供が横断歩道を渡るときのように手を真っすぐ上げるが、ロンドンでは手を横に出して止めていた。相当な台数が後から後からやって来るが、「実車率」が高く、場所によっては空車が来るまでちょっと待つこともある。

助手席側の窓から運転手さんに行き先を伝える。私の勝手なイギリスへの先入観から、もっと愛想が悪いかと思っていたが、親切なドライバーさんばかりだった。車椅子ユーザーがいたからかもしれないが。

床が低く、足が悪くても乗り込みやすい。高さが1800ミリあるとのことで、車椅子のままでも乗り込めるのには驚いた。中にはスロープが搭載されている車もあるらしい。ベビーカーもスーツケースもそのまま車内へ入れられ、乗り降りはラクチン。


【車型】


他の国ではあまり見かけないこのタイプ。もともとはオースティンの名車だったそうだ。今は中国の吉利汽車にライセンスを譲渡してしまったそうで、ロンドンタクシーもメードインチャイナらしい。

ロンドンタクシーは完全に「タクシーとして」設計された車種だ。だから、とても使いやすい。日本のタクシー、特にタクシー用に設計されたクラウンは、耐久性に優れていても、設計思想は決してユーザー目線ではない。トヨタがヤマト運輸と一緒に「宅配便用トラック」を開発したように、タクシー業界もメーカーと共同でお客様想いの車を開発してはどうか。

タクシーのサービスというと元気な挨拶や豪華な車種が話題になることが多いが、私は別に名前なんて名乗ってもらわなくていい。「車内の温度はいかがですか?」なんて聞いてくれなくていい。近距離で大きな荷物持参でも無言の笑顔で迎えてくれ、乗りやすい車両と安全運転のドライバーさんがいてくれればそれで十分だ。

10年後、日本のタクシーがまったく新しいスタイルの「市民密着型」サービスに進化していることを心から願っている。そんな話をたまたまお逢いした箱根のハイヤー会社の方にしたら、「じつは2013年のモーターショーにトヨタがタクシーの次世代コンセプトカーを発表したのです。それはまさにロンドンタクシーをモデルとしたものなのです」と聞いた。モーターショーのウェブサイトを確認してみたら、まさに未来予想図が描かれていた。

ビジネスは結局のところ、あと少しの工夫と努力。本当の意味でお客様目線になれるかだ。

富士山とユングフラウ

私は世界各国をくまなく回ったわけではないが、観光立国のヒントについては、スイスが宝の山だと考えている。

もともとは農業国で貧しかったスイス。今から１２０年以上も前に民間人が「これからは観光立国の時代だ」と、富士山より高いユングフラウの山頂へ向けて鉄道を開通させようという暴挙に出た。１２０年前。誰がそのような絵空事が成功すると信じたであろうか。しかし、現実にアイガーのお腹をダイナマイトでくり抜き、多数の犠牲者を出しながらも、ユングフラウ鉄道は開通にこぎつけたのである。

１２０年後、彼の孫、ひ孫の代は、先人たちのおかげで世界中から観光客を集めている。山頂に近いスフィンクス展望台までの登山電車の運賃は、正規運賃だと往復で2万円近くする。しかし、90歳の高齢者も、歩くことができない車椅子ユーザーも、電車を乗り継ぎ、展望台のエレベーターを使えば、誰もが等しく展望台の外気に触れることできるのである。

私は富士山も、富士急行の社長が提言しているように、少なくとも五合目までは自動車やバスを規制して、登山電車を運行する方法に変えてほしいと強く願う。利害関係者の目先の利益ではなく、１００年先を考えた時に、マイカー規制というゆるい方法では、大切なものを守れなくなる。

日本はどうしても利害関係者の話し合いを大切にするが、すべての人の利害が完全に合致することなどあり得ないのだ。１００年先から逆算して、今どんな行動を起こすべきなのか、若い人を中心にやわらかい頭で考えて、未来予想図を描いてほしい。

富士箱根伊豆国立公園
Fuji-Hakone-Izu National Park
富士山
Mt.Fuji
富士スバルライン五合目
Fuji-Subaru Line 5th Station
指定・昭和11年（1936）
環境省

現状の「入山料１０００円。それも任意の寄付であって強制はしない」という結論が、１００年先に向けての第一歩と信じてのスタートなら、私は強く支持する。しかし、それが妥協の産物だとしたら、末代までの恥と言わざるをえないだろう。富士山をこよなく愛するひとりの日本人として、入山者数と登山資格の厳格な規制にも立ち入ってほしいと強く願う。

富士山は独立峰であり、決して優しい山ではない。初心者がガイドをつけずに登るのは、本来はかなりのリスクを伴う。弾丸ツアーや１００名を超える団体登山なども相当にリスクが高いはずだ。一部の旅行会社は自粛を始めたが、９８００円の団体ツアーで登るような山ではないのだ。この山で命を落とす人が毎年後を絶たない。残念なことにその多くの方は、あと少しの慎重さや規制の基準があれば、失われずに済んだ命だったとは言えないだろうか。

私は登山を趣味とはしていないが、命にかかわる以上、ダイビングのように本人の体力や経験、リスク管理能力に応じた資格認定なども考えてみてはどうだろうか。

知床五湖のハイキングがようやく地元の方々の努力と話し合いで、一日の入山者数の制限を始め、ガイド同行を必須の条件と決めた。利害を超えてそこまでできたのは、知床を愛する人たちが同じ目的に向かって進むと決意したからだと思う。日本一の山、富士山でそれができないはずがない。富士山を愛する人たちが集まり、叡智を結集すれば、必ず100年後の子供たちに恥ずかしくないルールが作れるのではないだろうか。

富士の嶺を守る人たちの、良識と先見の明に大きな期待を寄せている。

スイスに学んで観光立国

「バリアフリー」を直訳すると「バリアを取り除く」。たとえば車椅子ユーザーの方が、段差などがバリアとなって不便を感じている場所で、そこにスロープをかけるようなイメージをもつだろう。

わかりやすいのは、地下鉄の駅の階段などにある「エスカル」というカゴのような乗り物。車椅子ユーザーの方は階段が使えないので、駅員がカゴを操作して昇降のサポートをするサービスがある。これが「バリア」をフリーにする発想である。

当社の最寄り駅、地下鉄八丁堀駅にもこのエスカルがある。車椅子ユーザーの方は、いちいち駅係員に連絡を入れて、駅で待機の依頼をし、カゴを操作してもらうたびに「ありがとうございます。お世話になります」とお礼を言ったりする。お礼はもちろん強制ではないが、黙って立ち去るのは気分が良くないだろう。バリアは取り除けても、なにか自由ではない感じがする。それに、ベビーカーを押す人や重たいスーツケースを引っ張る人は、このカゴは利用できず、階段を使うしかない。

ユニバーサルデザインは「誰もが同じくストレスフリーに（心理的ストレスなく）サービスが使える状態」を指す。エスカルでは、その状態になっていない。

スイスの国鉄で、客車の半分がガランとした荷物車みたいな車両がついているのを見かけることがある。1両の半分が座席、半分は荷物車のようにガランとしているのだ。そしてそこには「自転車マーク・ベビーカーマーク・車椅子マーク」がデカデカと描かれている。中をのぞくと、サイクリストや子供連れのお母さんや車椅子ユーザーや、なんと犬までいる。これがまさにユニバーサルツーリズム。

ユニバーサルツーリズムは「福祉特化」ではなく「機会均等」だ。

この機会均等の考えは、駅設備にも表れている。

日本だと駅のホームからホームへの乗り換えには、階段またはエスカレーターを使うところがほとんどで、後から設置されたエレベーターは構造上、ホームの端っこにあることが多い。中央にあったとしても、ほとんどのエレベーターは小型で、車椅子なら1台、ベビーカーでも2台入れるのがやっと。たとえばJR京葉線の地下ホームは深いところにあるので、エレベーターを利用したいと考えるベビーカーを押す母親、杖の高齢者、スーツケースを持つ外国人、疲れたサラリーマンなどで常時混雑している。新幹線京都駅のエレベーターも小型のものが1台しかないので、常に行列ができている。これは決して良い状態ではない。

ベルンやインターラーケンをはじめ、スイスの多くの駅では、ホームからホームの乗り継ぎは階段か、あるいはゆるやかなスロープを使うようになっている。スロープといっても日本で見かけるような幅の狭いものではなく、乗換通路全体がスロープになっているものである。エレベーターはない。

このスロープを実際に利用してみると、車椅子ユーザーはもとより、大きな荷物を抱えた乗客やベビーカーを押す母親、自転車を持参するサイクリスト、ペットを連れた観光客など、すべての利用者がこのスロープの恩恵を受けているのがわかる。エレベーターと違って待ち時間もないので、アクセスするのにストレスがない。


余談だが、スイスでは電車やバスにペットの犬を連れて乗るのも自由である。ゲージに入れる規則はない。ただし、犬にもチケットを買う必要がある。スイスで鉄道を利用する機会があったらチケットの自動販売機を注意して見てほしい。大人、子供と並んで犬のイラストが描かれたボタンがある。犬にも人間と同様にチケットを要求する代わりに、乗る権利も平等に与えられているのだ。

犬の乗車料金は大人の半額。結構な値段だ。「小型犬は?」と聞いたら、膝の上にのる程度の犬については無料だそうだ。しかし、ヨーロッパの人たちは通常、大型犬を飼うようで、私は今まで小型犬と旅をする観光客を見たことはない。

ついでに語ると、スイスの公園や道路沿いに、スーパーマーケットでくれるような透明のビニール袋がロール状になって置かれ、自由に使えるようになっている。近づいて見ると、犬のイラストが描かれている。そう、これは犬の落とし物を始末するための袋で無料。ゴミ箱も設置されており、その場で捨てることができる。場所によっては、犬の水飲み場も併設されていることがある。

私はこれを「真のユニバーサルツーリズム」と呼びたい。スイスでは小さな子供がいたり、足が悪かったり、犬がいることが、外出や旅行の阻害要因になることはないのだ。大人がお互いにルールを守れることを前提として、サービスをより現実的なものにつくり上げていく。「観光立国」とはこういう国のあり方を言うのだろう。

犬への配慮が細やかで、かつ、これらをすべて税金で賄っているのは、ペットが市民権をもっていることの証しだろう。聞くところによると、スイスには野良犬は存在せず、すべての飼い犬が登録、把握されており、正真正銘の市民権（市民犬？）を得ている。

動物虐待への監視の目も厳しいそうだ。

私の知人で現地ガイドのスイス人は、地域の監視員から動物虐待の疑いで聴取されたのだが、その容疑はと言えば、「犬の肥満」。つまり「きちんと散歩や運動をさせていないのではないか」と疑われたそうだ。「お宅の犬は太りすぎていますが、適正な散歩をさせていないのではないか？　これは動物虐待にあたります」と警告されるのだ。犬を飼うのも楽ではない。


スイスのおもてなしについて、もう少し書いてみたい。

スイスは世界でも日本と並ぶ鉄道王国で、そのダイヤの正確さは目を見張るものがある。この鉄道のサービスの中でぜひ紹介したいしくみは「ライゼゲペック」と呼ばれる荷物託送システムだ。乗客がA駅から電車に乗る前、朝10時までに窓口で荷物を託送依頼する。身軽な状態で電車に乗り込み、途中下車して観光などした後、目的地B駅で荷物を受け取ることができる。速達便は1個20フラン、翌日配送なら10フラン。18時には荷物が届いているしくみだ。

駅への荷物のピックアップはホテルに頼むこともできるので、事実上、チェックアウト・チェックインするホテルのポーターにチップを弾めば、自分の荷物に一度も触ることなく地点移動させることもできる。

また、このサービスの拡大版「フライレールバゲージサービス」を使えば、成田空港でチェックインした荷物をチューリッヒの空港で受け取らずに、最終目的地のグリンデルワルトまで送ることもできる。料金は2000円。こちらは荷物の到着が翌日のお昼になるが、便利なシステムである。ただし、利用航空会社は限られ、日本航空や全日空はこのプランに参画していないので、利用できないのが残念だ。

このようなサービスがスイスでは当たり前のようにシステム化されている。しかも、国鉄、私鉄、ケーブルカーやロープウェイなど、特定の会社に限らず、全国的にネットワークができているのが、すごいところである。


日本のサービスの緻密さ、正確さをもってすれば、同じようなサービスは可能だと思う。しかし、こういった利用客目線のサービスは、日本では不思議なことに行われない。利害調整が難しいのが最大の要因かもしれないが、私は情緒に偏りすぎた「おもてなし」の価値観にとらわれすぎている気がしてならないのだ。日本的なおもてなしを否定するつもりはないし、それを楽しみにやってくる外国人がいるのも事実だろう。しかし、ものごとの順序として、旅行者のストレスや負担を軽減するサービスシステムを構築することの方が先ではないか。利便性の向上は、日本のファンづくりにも寄与するはずだと私は考える。

やりがいのある仕事という幻想

「やりがいのあるお仕事ですね」

会社をつくってから、何千回と言われた言葉だ。そう言っていただけるのはありがたいが、現実には「やりがい」を感じる域に達しているとは、まだ思えない。

「冥利」という言葉ならどうだろう。

そんなことを思っていたら、三重県で葬祭の仕事をされている山村宗央さんのフェイスブックが目にとまった。

葬儀屋に盆正月はないと申しますが、
大晦日から元旦にかけて6件ものご依頼を頂きました。
冥土からもたらされたご利益と書いて、冥利。
使命感を試されているような気がしてなりません。
（山村さんのフェイスブックより抜粋）

冥利とは「あの世（冥）からのご利益（利）」といった意味で、仏教の因果応報の思想にもとづき「善業の報いとして神仏から授けられた思いがけない利益」のことを言うそうだ。

「役者冥利に尽きる」などと言うが、役者が冥利という言葉を使うその裏には、とてつもない努力と苦労がセットになっているのだろうな、と感じるのだ。

私にとっての冥利を考えてみた。

若いころ、鉄道会社で働いていた。３６５日電車が動いているので、カレンダーとはあまり関係のない生活をしていたし、当たり前すぎて、そのことに疑問をもつこともなかった。年末年始などは終夜運転を行なうため、夜も寝ずの乗務になる。しんしんと冷え込む運転台で夜中の2時、3時に行う作業はなかなか大変だったが、「誰にでもできる仕事ではない」と自分を励ました。

白ら会社を設立してからは、他の旅行会社が手を出したがらない「障害がある方」「手配に配慮が必要な方」の旅行を主に手がけてきた。「旅行業者冥利に尽きますね」と言われることもあるが、その冥利の裏には、企画から恐ろしく細かい手配までを一貫して引き受けているスタッフの苦労がある。

この手間がかかる部分を、他の旅行会社はやりたがらない。「段取り八割」とも言うのだが、そこの部分はお客様からは見えないので課金できないことが多い。残念ながら、やって当たり前と見なされる世界であって、評価されることは多くない。旅行の現場でも、汗と涙の感動物語などは実際にはほとんどなく、あるのは当たり前の旅の風景のみ。

私は、葬儀の仕事も電車の車掌も旅行会社も、根っこにあるのは「誰にでもできる仕事ではない」という自負、それに尽きると思うのだが、どうだろう。

よく「公務員はいいよね」とか「銀行員は給料高くていいよね」などと嫌みを言う人がいるが、性格がひねくれている私は、心の中で「じゃあ、代わってみれば」と言ってしまう。公務員や銀行員が私に務まるかと言えば、絶対にできないだろう。プロとしての仕事をこなす彼らのような能力は、私にはない。


まさにどの仕事も「誰にでもできる仕事ではない」のだ。

では、なぜその仕事をやらされているか。

因果であり冥利ではないか。そんな風に感じる。


子供には夢があるから職業を選ぶ自由がある。

私は幼稚園の卒業文集に「将来はお蕎麦屋さんになりたい」と書いたそうだ。覚えていないが。今、蕎麦にかかわる仕事をしていないのは、因果がなかったからだろう。

20代くらいまでは自分探しをするのも許されるだろうが、30代にもなって「夢」

なんて寝言を言っているのは、私は恥ずかしいと思う。心の中で夢をもつのはそれぞれの自由だが、夢と努力はセットであるものだし、大人がもつべきは「夢」ではなくて「人生計画」ではないかと。

本当に大変な仕事を盆暮れ正月なくやり遂げている人に対しての尊敬の念があれば、「夢を紙に書いて持ち歩く」とか「夢を人前で話せば叶う」などという話は、寝言にしか聞こえない。

夢を本気で叶えたいなら、まずは因果で仕事をしている人のところへ弟子入りして、「働くとはどういうことか」を体全体で覚えてから、自分にとっての冥利を探す旅に出たら良いのではないか。

夢にはとてつもない努力が必要で、途中にはとてつもない「やりたくないこと」がセットになっていると誰かが教えてあげないといけない。そうしないと、ニートみたいな大人が増えて、日本の国力が落ちていってしまうのではないかと、海外に出るたびに心配になる。

自戒の念も込めて、私たちのまわりにいる、寝ぼけたことを言っている人のほっぺたをたたく気分で「冥利だよ、冥利」と教えてあげてほしい。

働くとはどういうことか。それを子供たちに教えられるのは、まわりにいる大人だけである。子供たちは大人の背中を見て育っていく。

ひとりのお客様を大切にしたい

私が会社を設立したばかりの頃、あるテレビ番組を見ていたら、大物演歌歌手がアナウンサーのインタビューに答えていた。

「ヒットが出る以前はかなりご苦労をされたとうかがいましたが」

「地方の百貨店の屋上でコンサートをさせていただいていました。ある場所で楽屋からステージに出ると、観客はひとり。私はこの、私の歌を聴くために待ってくれていたひとりのお客様のために、決して手を抜かずに歌を全力で歌おう。そう決心しました。今でもその時の光景ははっきりと覚えています」

最初から大ブレイクする人などまずいない。この歌手が「初心を忘れない」と自分を戒めているのは素晴らしいと思った。

忘れもしない、会社を設立して2年目の秋。たったひとりのお客様を迎えに岩手県の盛岡まで行き、花巻空港から山口県の錦帯橋に出かけたことがある。

盛岡市郊外の大きな自宅にひとり暮らし。

「どうして、錦帯橋なのですか?」という私の質問に、80歳近いお客様はこう答えた。

「死んだかあちゃんと最後に出かけたのが錦帯橋なんだ。テレビのニュース見てたら錦帯橋が出て、懐かしくなっちゃってね」

そう、ベルテンポはこんなお客様のためにあるのだ。大手は決してやらない、いや、決してやれない旅の仕事がある。私たちは、たったひとりのお客様を少しだけ笑顔にするお手伝いができる。

その初心は忘れない。

ベルテンポの旅の原点

ベルテンポは1999年に東京で開業した小さな旅行会社。現在社員3名で1年間にサポートできるお客様の数は500名にも満たないが、私にはキング牧師ばりの夢がある。

障害がある人も
そうでない人も、
誰もが当たり前に旅ができる社会。

年を重ねて足が悪くなっても

車椅子を使っていても
視力や聴力に障害があっても
小さな子供が一緒でも
ひとり旅でも
国籍なども関係なく、
日本のどこへ行っても
航空会社や鉄道会社やバス会社や
ホテルや旅館や飲食店やお土産屋さんや
道行く人々、誰からも歓迎され、
旅に出る前よりも
旅から戻って来た後、
何倍も元気に笑顔になれる社会。

旅をすることで
「また、明日から頑張ろう」

そう思える社会。

そんな社会を生意気にもつくりたいと思って15年間が経った。

東京の電車の駅では、車椅子を使う方をほとんど毎日見かけるようになった。空港では毎日何百人という障害のある方が、普通に飛行機で旅をしている。それでも、ハワイやグアムやカナダやスイスやイギリスやスペインを旅すると、「日本はまだまだこれからだなあ」と感じることがたくさんあるのも事実だ。

その「まだまだ」の階段をもうひとつ上に上るために、今日も明日も明後日も、「当たり前のことが当たり前な社会」の準備のために、お客様とまた次の旅に出ようと思う。その社会は、今の子供たちが大人になるころには、必ずやってくるであろう。

社会は論文では変わらないし、演説でも変わらない。

そう、旅することでしか、社会は変わらないのだ。

世の中は、旅に出ることが普通にできる人ばかりではない。体の障害だけではなく、さまざまな理由で「旅に困難が伴う」人は大勢いる。旅のプロフェッショナルたちが力を合わせて、全力で困難を取り除こう。

一緒に良い国、良い社会を創ろう。未来の大人に、笑顔でバトンを渡すために。

ベルテンポは旅行商品を販売しているのではなく、旅に出にくい方、出るチャンスの少ない方に「旅のきっかけ」を提供している会社だ。

・高齢で体力に自身がない
・体が不自由
・トイレが近い
・外からはわからない障害がある
・ひとりで行ける旅が少ない
・忙しくて旅を最近していない
・団体旅行はしたくないけれど個人旅行は面倒

・可愛い息子に旅をさせたい
・自分に旅のご褒美をあげたい

さまざまな「旅のバリア」をベルテンポが取り除きたい。

障害がある方もない方も、旅への一歩が踏み出せない人のために、心を込めて旅を創りたい。

それが私をはじめとしたスタッフの心からの願いである。

あとがき　～旅とは、人と人をつなぐもの～

この本の締めくくりとなる原稿を、長崎県の対馬の南端、豆酘《つっ》の集落にある「民泊ごんどう」の2階の部屋で書いている。

ごんどうを営む権藤さんご夫妻と対馬の酒を酌み交わしながら、あらためて、旅とは何か、観光とはどういうものなのかを肌で感じさせてもらった。

1泊2食6500円のこの宿には、おもてなしの原点があり、私たちが探し求めている旅の答えがある。観光地としての知名度が決して高いわけではなく、交通の便が良いわけでもない対馬。この島にある小さな民泊を営む権藤家をこよなく愛する人々が、首都圏から、北海道から、九州から繰り返し訪れるのだ。

私自身は権藤家におじゃまするのはまだ2回目。だが、この宿の良さをわかってくれるお客様は限られるだろうと理解している。でも、私は仕事を離れて、たとえひとりでもこの宿に戻ってきたい。それは、旅に求めるものが、豪華さや知名度や名所旧跡を訪ね歩くものではないということの証左に他ならない。

私は一年に180日は旅先で過ごす人間である。180日を旅先で過ごすということは、180回の外泊をするということだ。5つ星ホテルや高級旅館に泊まることもあれば、サウナやカプセルホテルに泊まることだってある。国内はもとより海外のさまざまな国にも足を伸ばす。

そんな私自身は旅に何を求めているのだろうとあらためて考えたのだが、ここ対馬のごんどうで明確な答えが出たのだ。グリーンツーリズム、ビジット・ジャパン、おもてなし。さまざまな言葉が飛び交っているが、そのどれもがピンとこなかった私が、対馬の酒を飲みながらふと思いついた言葉。それは「ヒューマンツーリズム」だった。

権藤夫妻は、日本一のしいたけ農家から旬のしいたけを取り寄せ、食卓にのせる。近所のみかん農家から、いちばん美味しいみかんを買い求め、こたつの上に置く。「美味しい!」と口にした宿泊客は「お土産に買いたい」と言う。喜んで取り次いでくれて、手数料などは一切受け取らない。純粋に「お客さんが喜んでくれて、農家の人も喜んでくれることが嬉しい」と権藤夫妻は言う。ここには何の邪念も存在しない。

この民泊を訪れなければ縁をもつことはなかったはずのしいたけ農家やみかん農家の人と気持ちがつながる。どんなに美味しいものでも、それを手間ひまかけて育てた人の顔が見えていれば、その美味しさは何倍にもなるのは当然だ。

旅は、人と人がつながること。

その土地を愛し、その土地を訪ねて来た客を「もてなす」とは、まさにこういう心持ちを言うのだろう。

高級旅館を営む方には失礼なもの言いになるが、玄関に何十人もの仲居や女将がずらりと並び、出迎えたり見送ったりする「おもてなし」を果たしてお客は望んでいるのだろうか。食べきれないほどの過剰な料理を出し、そのほとんどが残飯として捨てられている現実を見て、「こんなことをしていたら、いつかバチが当たる」と考えないのだろうか。それは「おもてなし」の心と両立できるものなのだろうか。

日本人の心の根っこにある「もったいない」の気持ちを尊重するおもてなしであるならば、本当に美味しいものをちょっとずつ。それも心を込めて野菜や果物を育てた人の魂を添えて客にもてなす。海の幸や肉を出すのであれば、命を育てた自然に敬意を表し、「どうか残さずに食べてください。命を頂くことで、しっかりと成仏させてあげてください」という気持ちをお客様と共有すべきではないだろうか。

私が言っていることは理想にすぎないと考える人も多いだろう。しかし、その「理想」を1泊2食6500円の民泊が実現してしまっているとしたら、理想は実現不可能と言い切れないのではないだろうか。

民泊と旅館・ホテルの役割が違うこともよく理解している。それでも私は何千軒と泊まった宿の中で「ベスト10を選べ」と言われたら、ごんどうのような、人間に触れることのできる宿を上位に選ぶであろう。

旅の仕事をしていて、お客様から言われて悲しい言葉は「ああ、あそこは一度行ったから、もういいわ」だ。一度行ったくらいでその土地の魅力をどうしてわかった気持ちになれるのだろうか。2回、3回繰り返し足を運ばないと見えてこない、土地の奥深さや温かみが必ずある。

一年に10カ所あちこちに出かける人より、一年に6回対馬に足を運ぶ人の方が、本当の旅を知り尽くした、旅の通とは言えないだろうか。

いろいろなところを訪れてみたいという気持ちは理解できる。でも、同じ場所を繰り返し訪ねれば、「お帰りなさい」と迎えてくれる人ができる。第二の故郷のような場所をもてるのは、何ものにも代えがたい、旅の醍醐味だと私は思う。

私　　「対馬へまた行こうと思います。良かったらご一緒しませんか？」
お客様「対馬には何があるのですか？」
私　　「また、会いたいと思う『人』が対馬にはいるのです」

こんな会話ができる旅行会社を、私はこれからも目指したいと思う。

旅は人なり。

こんな当たり前のことを長崎県対馬で再確認し、筆を置きたい。
あなたも、自分らしさに溢れる旅のスタイルを心にもって、また旅をしてほしい。

２０１４年４月　高萩徳宗

高萩徳宗

Takahagi Noritoshi

《プロフィール》

ホームページ　http://www.beltempo.jp/

ブログ　http://ameblo.jp/b-free/

有限会社ベルテンポ・トラベル・アンドコンサルタンツ 代表取締役

1964年8月10日生まれ。大分県出身。

株式会社小田急電鉄勤務を経て、カナダ・アルバータ州にて旅行業を経験し、帰国後、株式会社日本旅行に入社。1999年有限会社ベルテンポ・トラベル・アンドコンサルタンツを創業。障害がある方やご高齢の方と一緒に年間100日以上を旅する、バリアフリー旅行の第一人者。

「本当のサービスとは何か」という視点で、お体が不自由なお客様がなかなか足を運べない場所への旅を積極的に企画。一方、2012年まで10年連続でホノルルマラソンチャレンジツアーを企画し、自らもフルマラソンを3回走るなどユニークな企画も実施している。年齢や障害の有無に関係なく、旅ができる社会環境をつくることを目指して、常にお客様への「究極のサービス」を提供することにこだわり続ける。

コンサルタントとしても【おまけや値引きはサービスじゃない】など、従来のサービス感とは異なる角度からサービスの本質を提言。大手企業から自治体まで、サービスの伝道師として幅広く講演、研修、セミナー等を実施。また、旅行会社、観光施設などのバリアフリー&サービスコンサルタントとしても活動。新潟県、熊本県、三重県、秋田県などの自治体をはじめ、ホテル、航空、鉄道、建設会社等の多種多様な民間企業でも講演や研修を行っている。

《著書》

バリアフリーの旅を創る　／ 実業之日本社
サービスの教科書　／ 明日香出版社
売れるサービスのしくみ　／ 明日香出版社
サービスの心得　／ エイチエス
「サービス」を安売りするな！ ／ 成美堂出版

【いい旅のススメ。
―日本人の忘れものを見つけに行きましょう―】

初　刷 ―― 二〇一四年七月一〇日
著　者 ―― 高萩徳宗
発行者 ―― 斉藤隆幸
発行所 ―― エイチエス株式会社　HS Co., LTD.
064-0822
札幌市中央区北2条西20丁目1-12佐々木ビル
phone : 011.792.7130　fax : 011.613.3700
e-mail : info@hs-prj.jp　URL : www.hs-prj.jp
印刷・製本 ―― 中央精版印刷株式会社

ISBN978-4-903707-49-5